Los ninos establecen colorantes

Espacio, tiburones, deportes y m·s

Coloring Pages for Kids

Coloring Pages for Kids
An imprint of Ciparum LLC

Los ninos establecen colorantes Espacio, tiburones, deportes y m·s
© 2017 Ciparum LLC
All rights reserved.
ISBN-10:1-63589-497-2
ISBN-13:978-1-63589-497-4

Coloring Pages for Kids

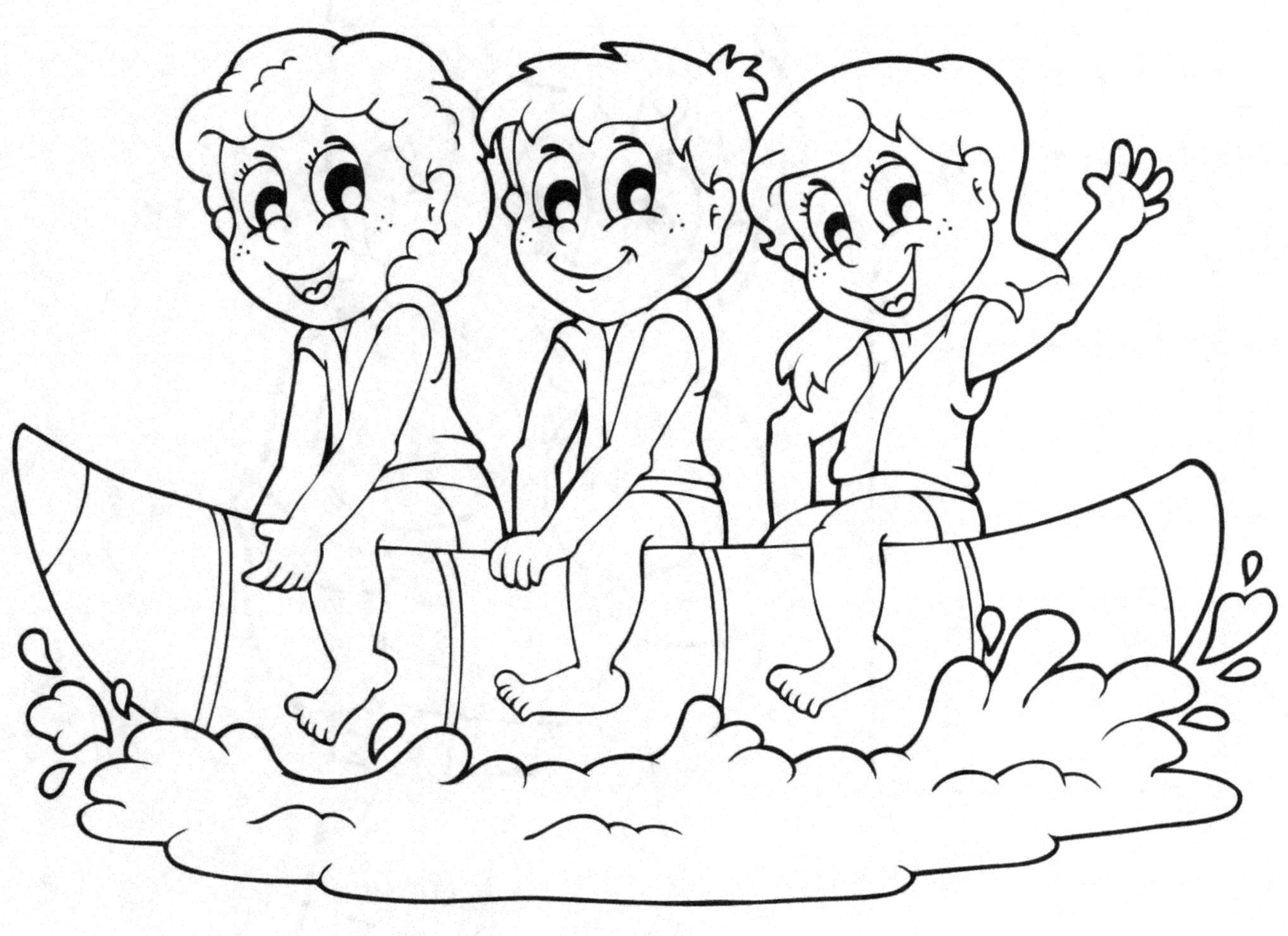

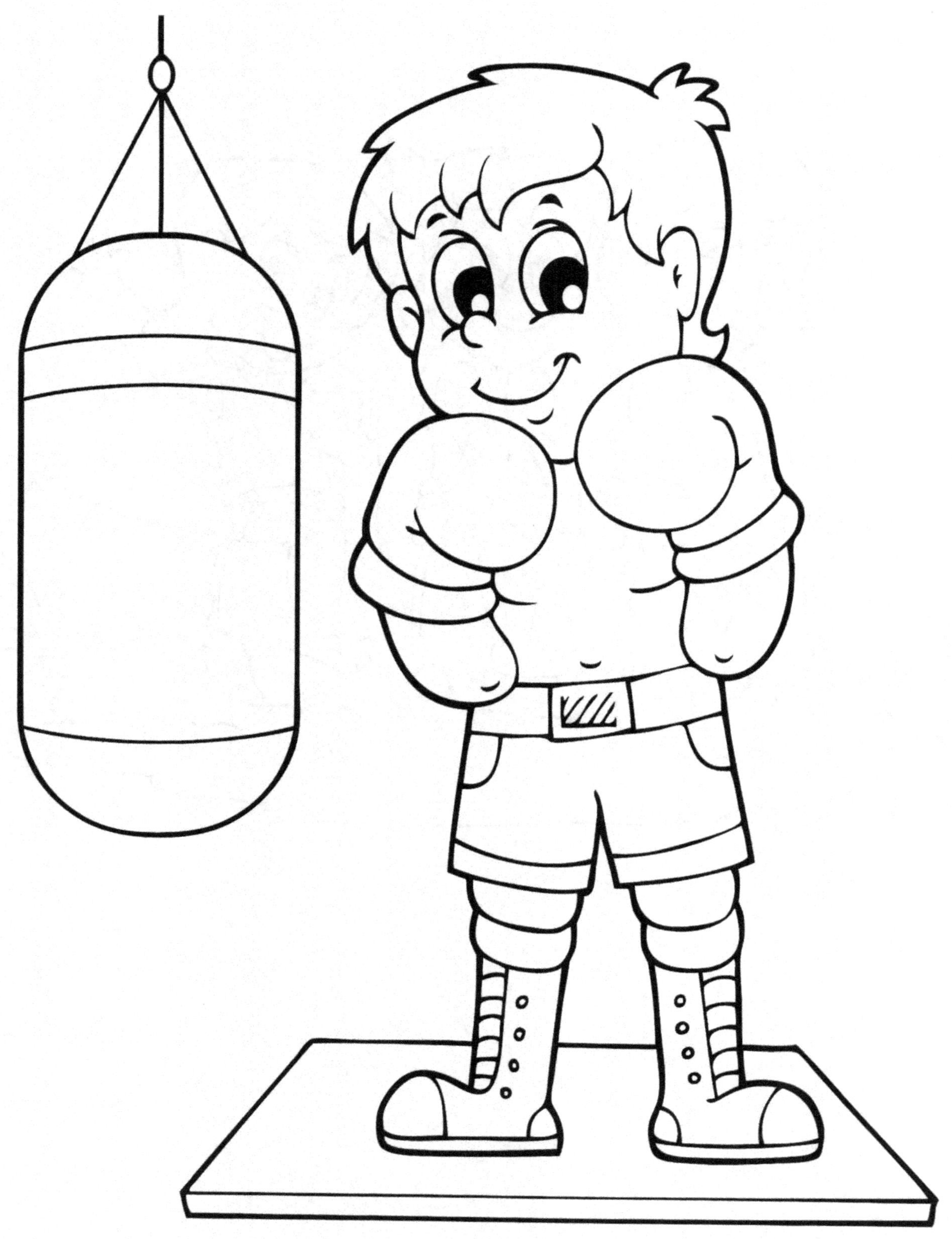

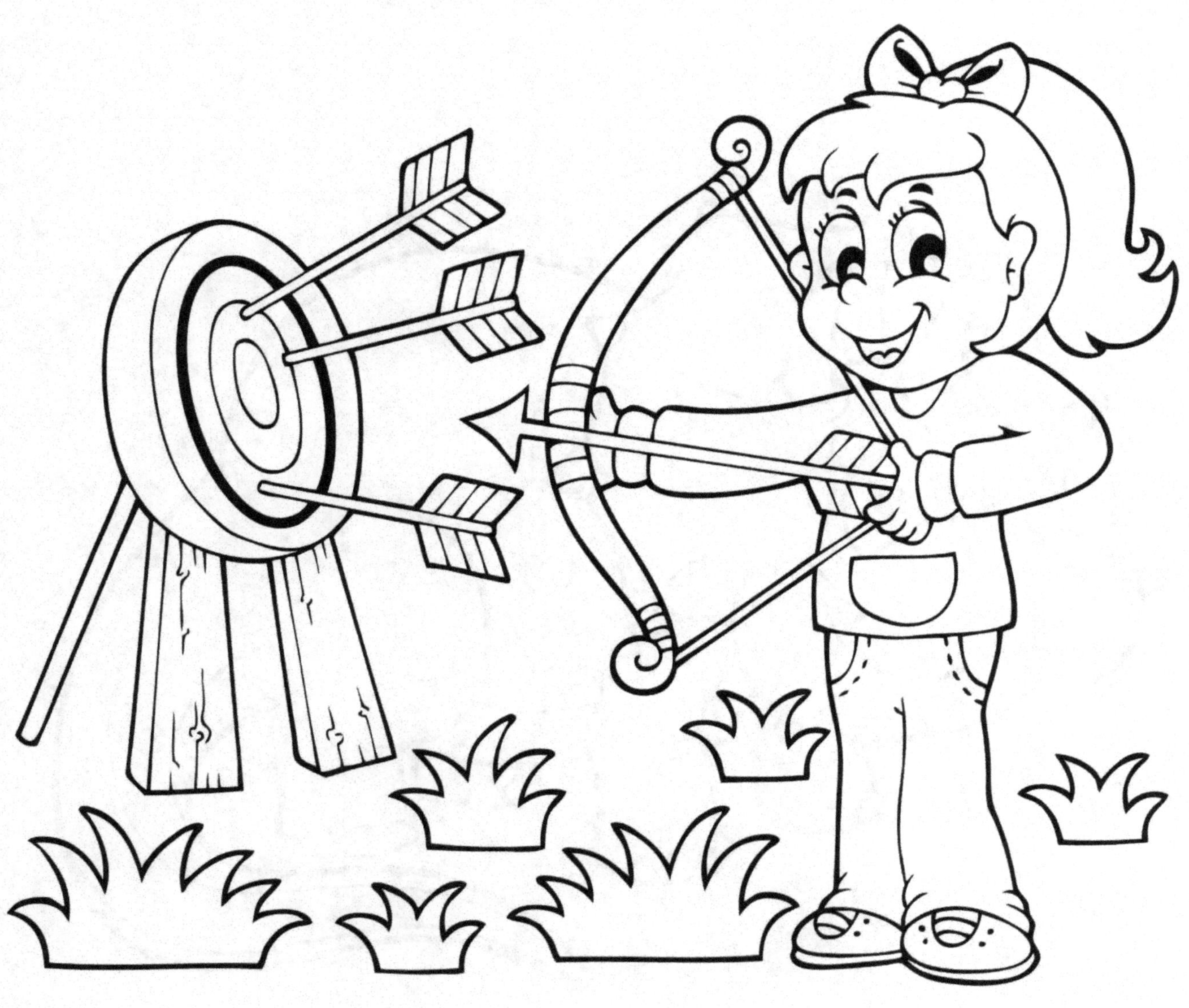

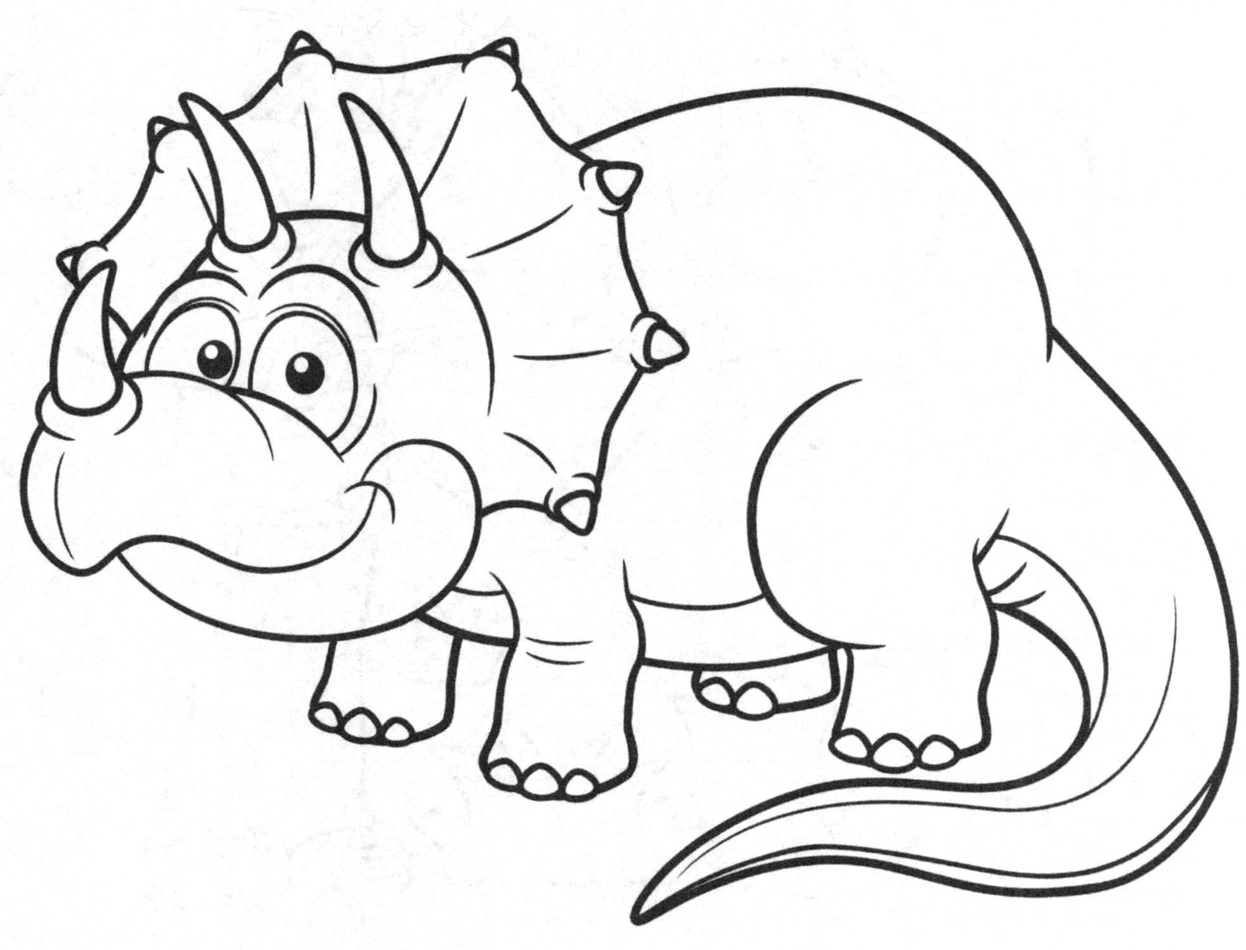

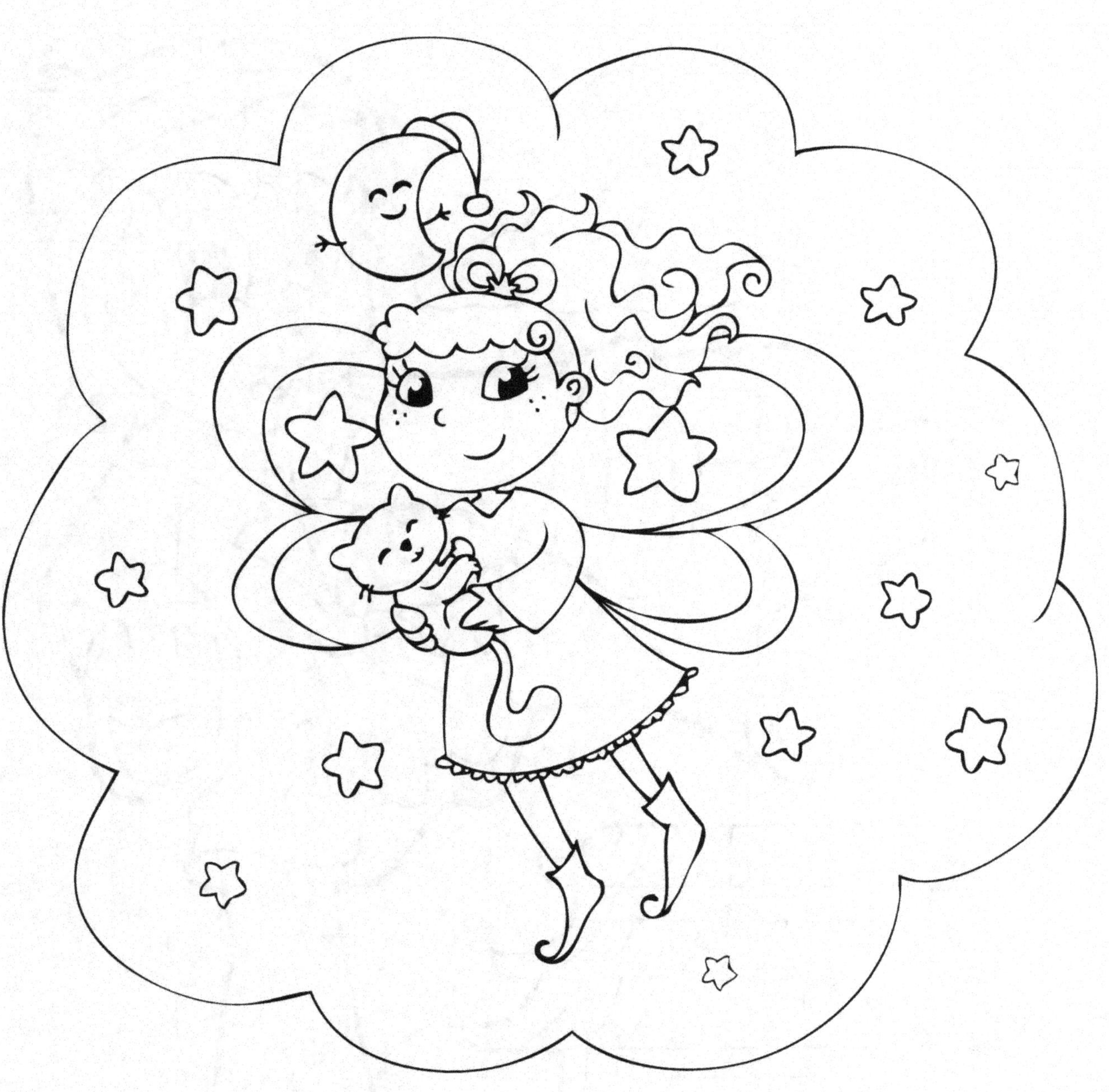

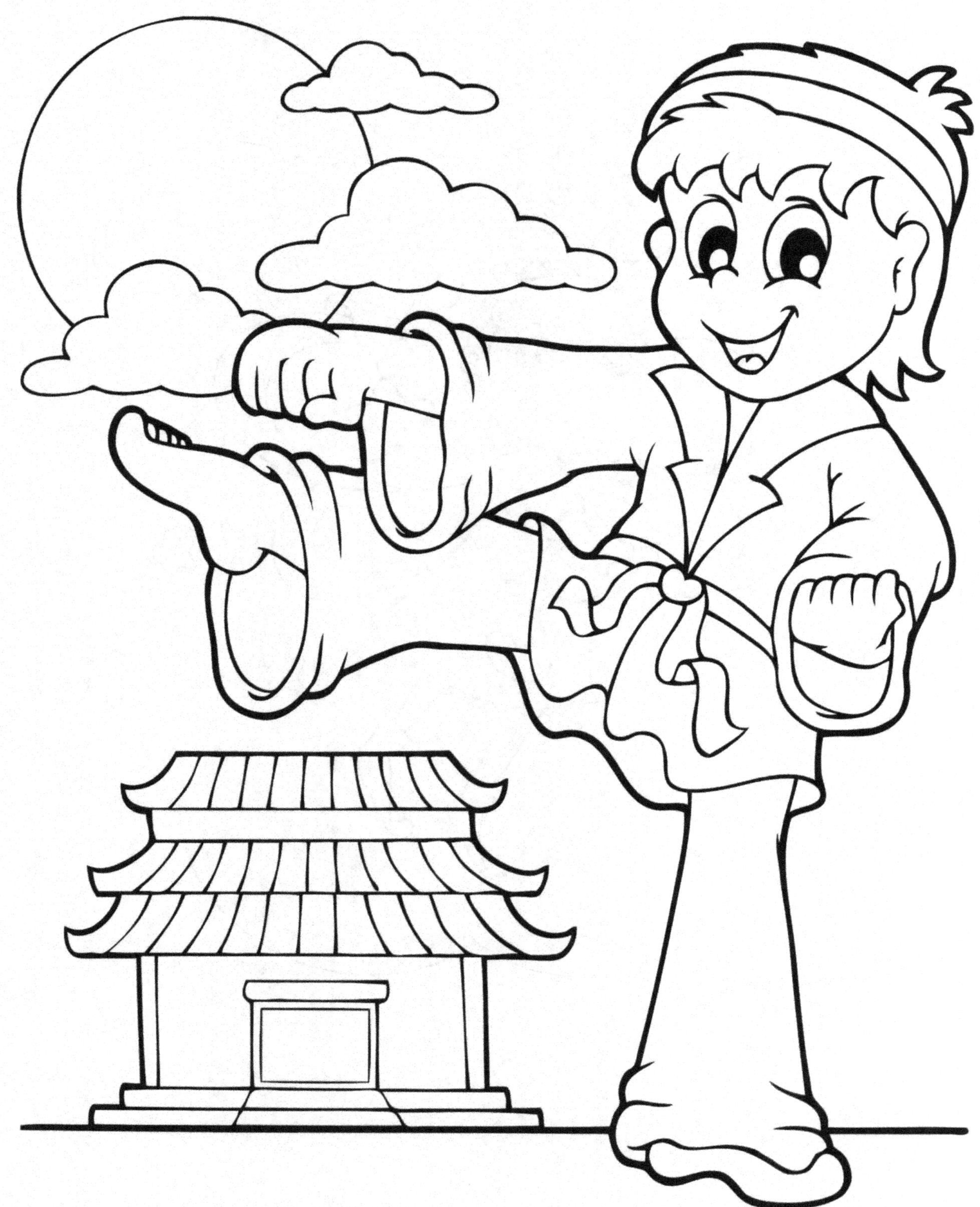

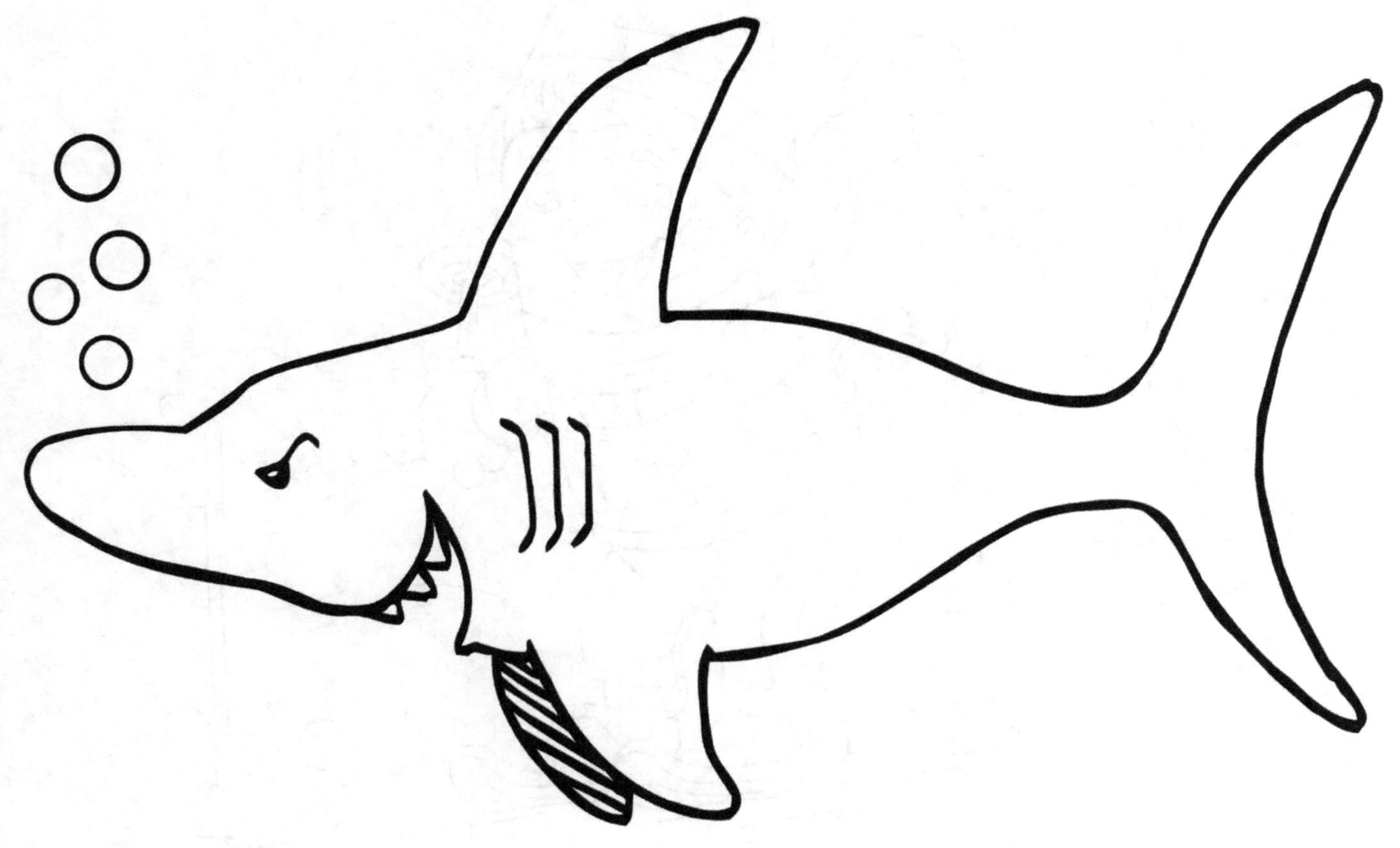

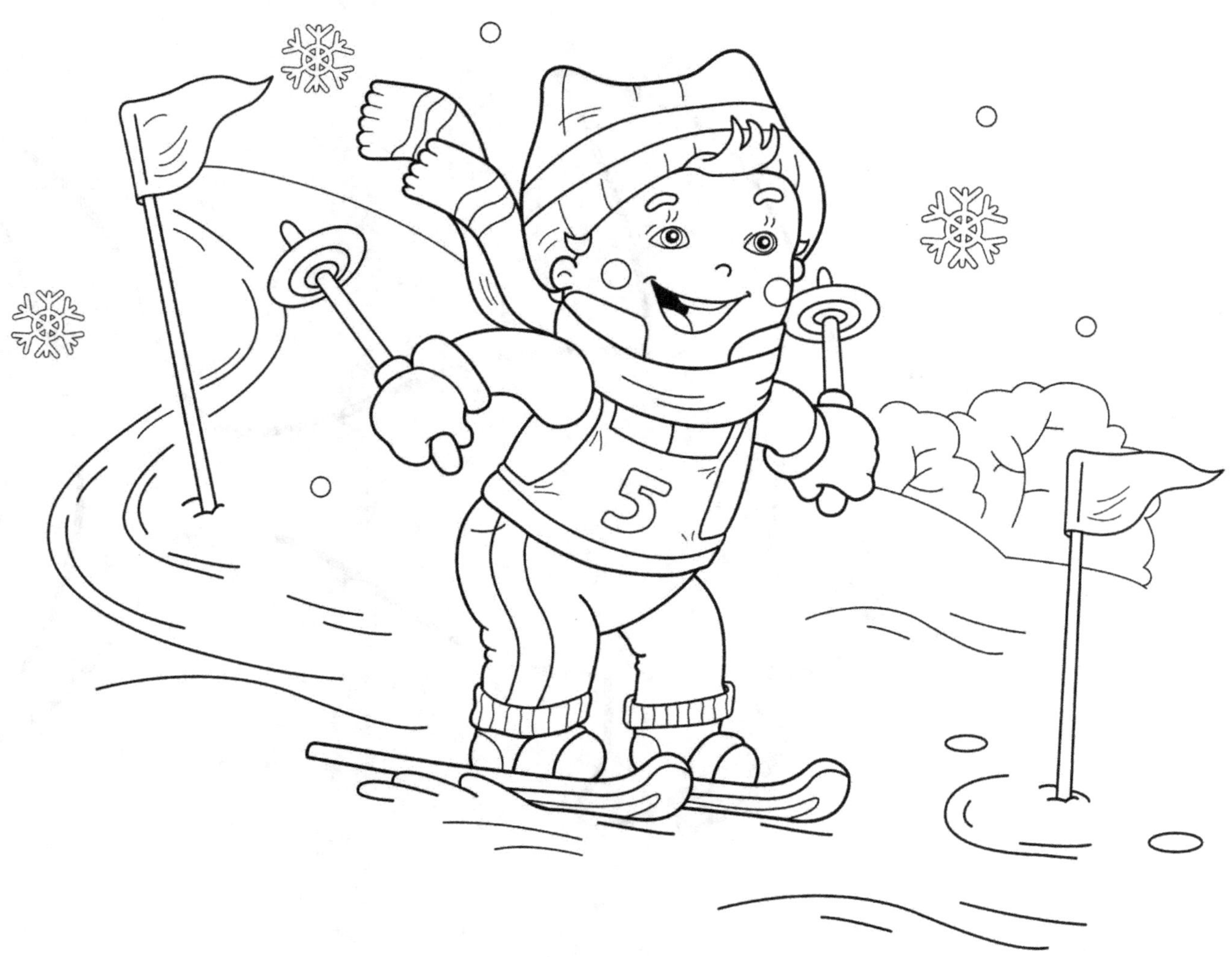

5

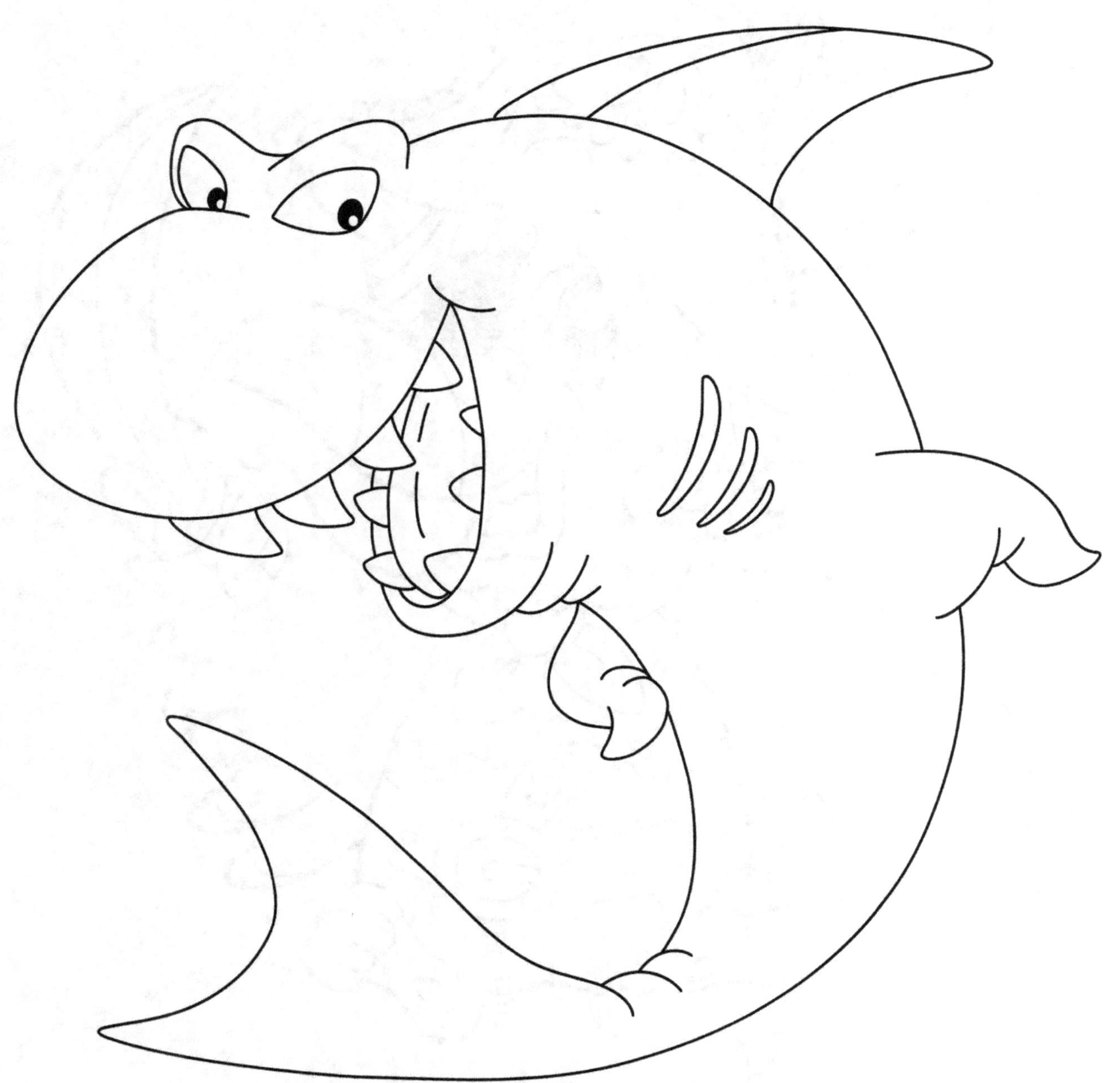

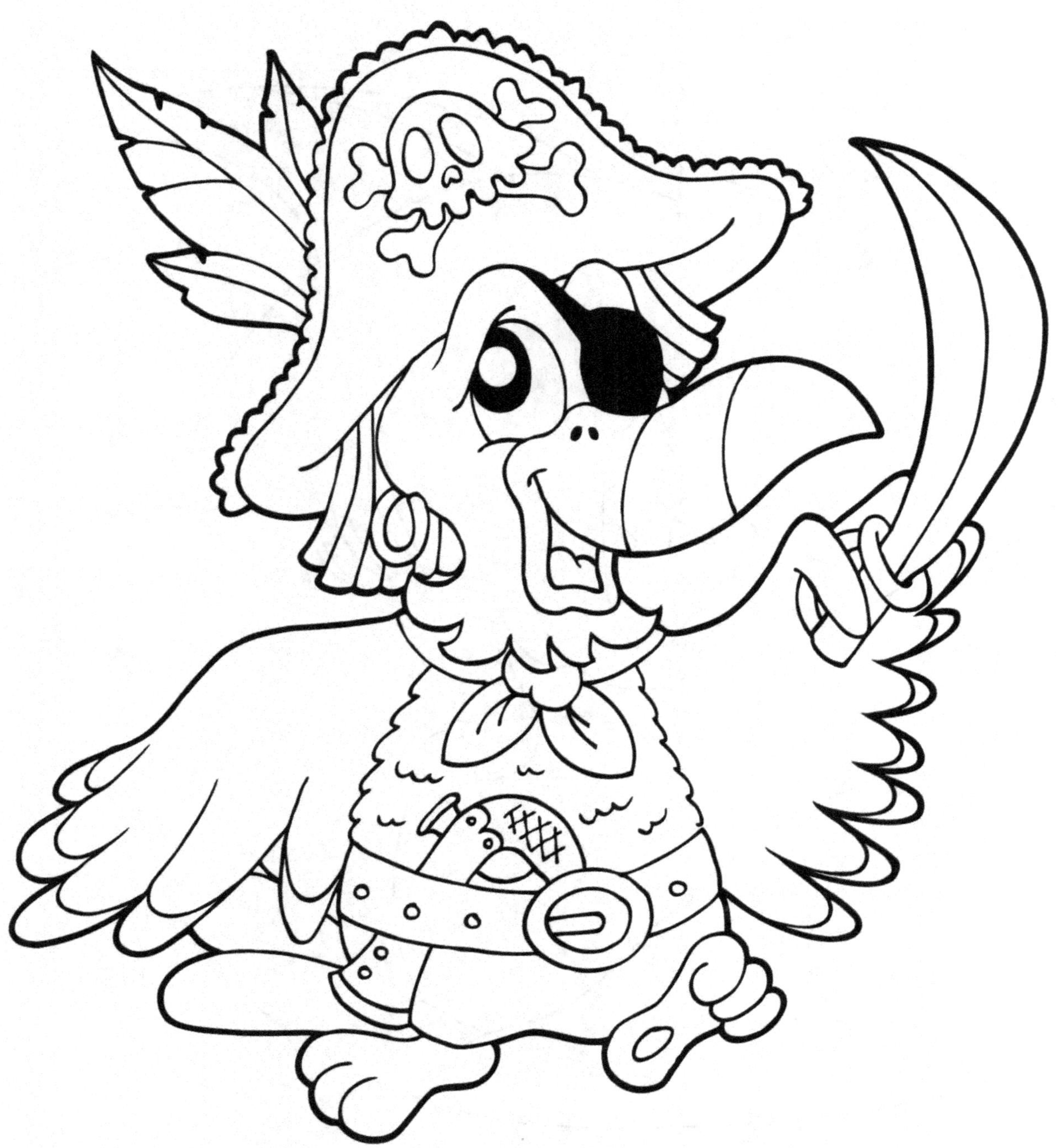

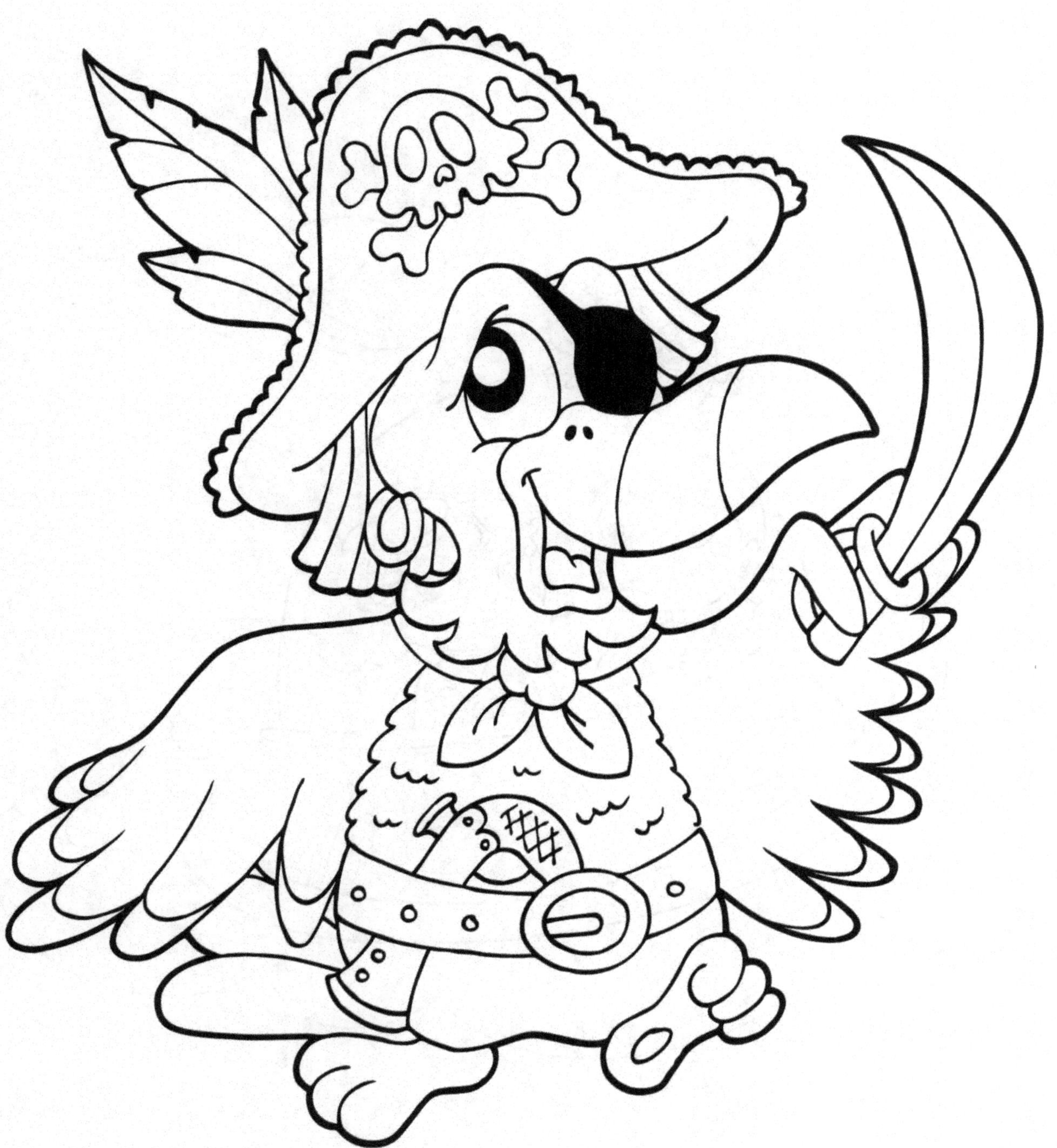

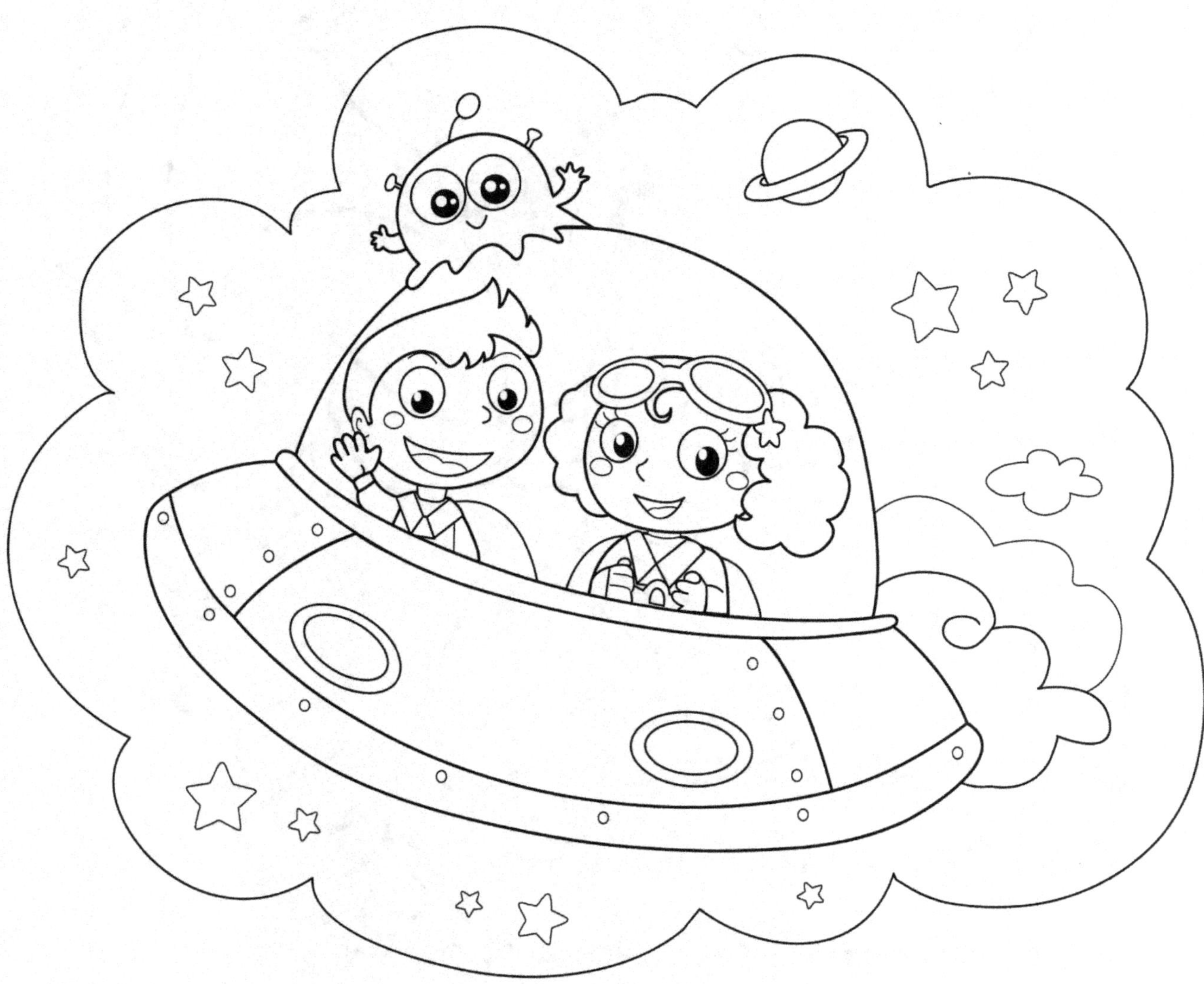

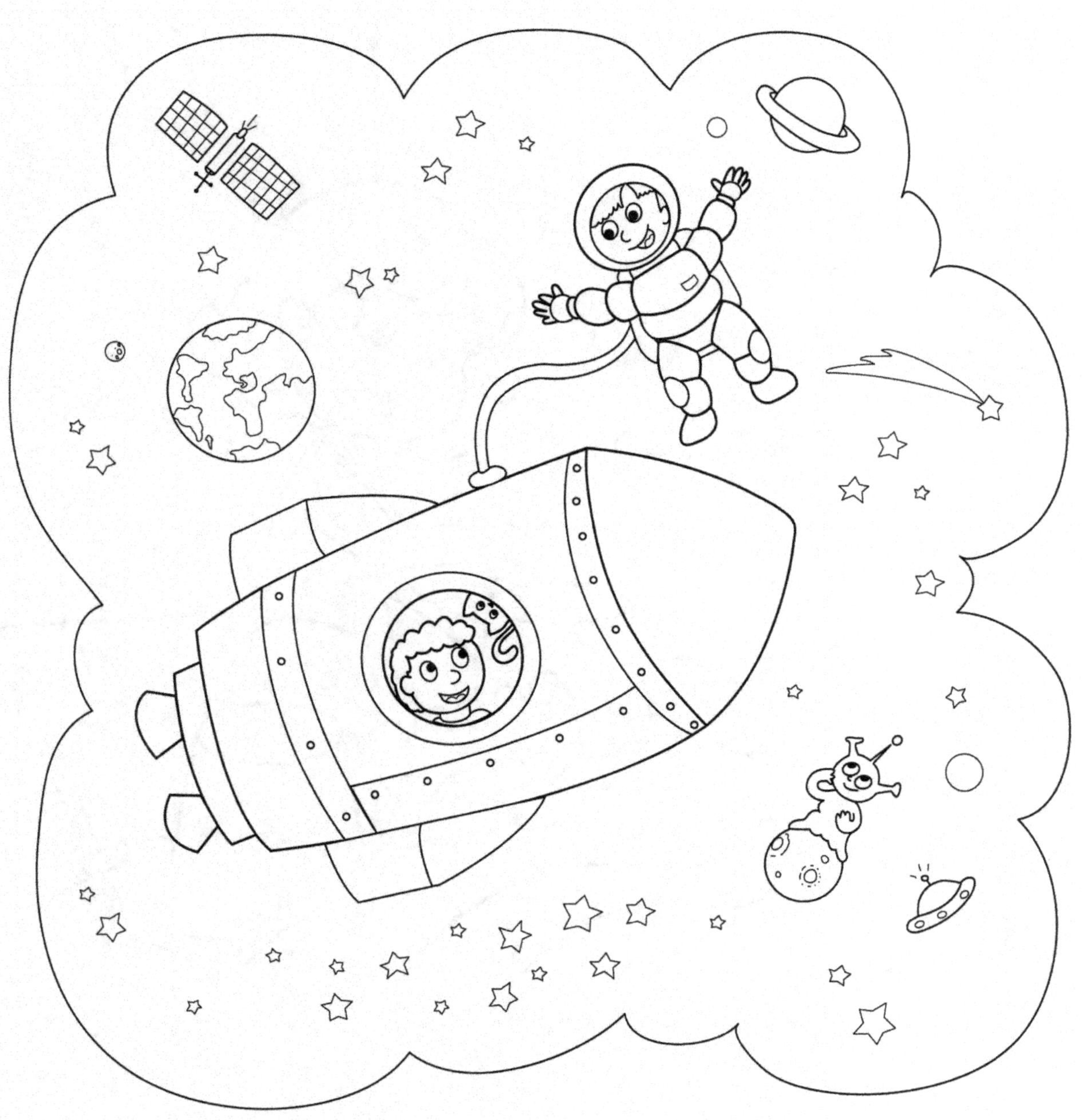

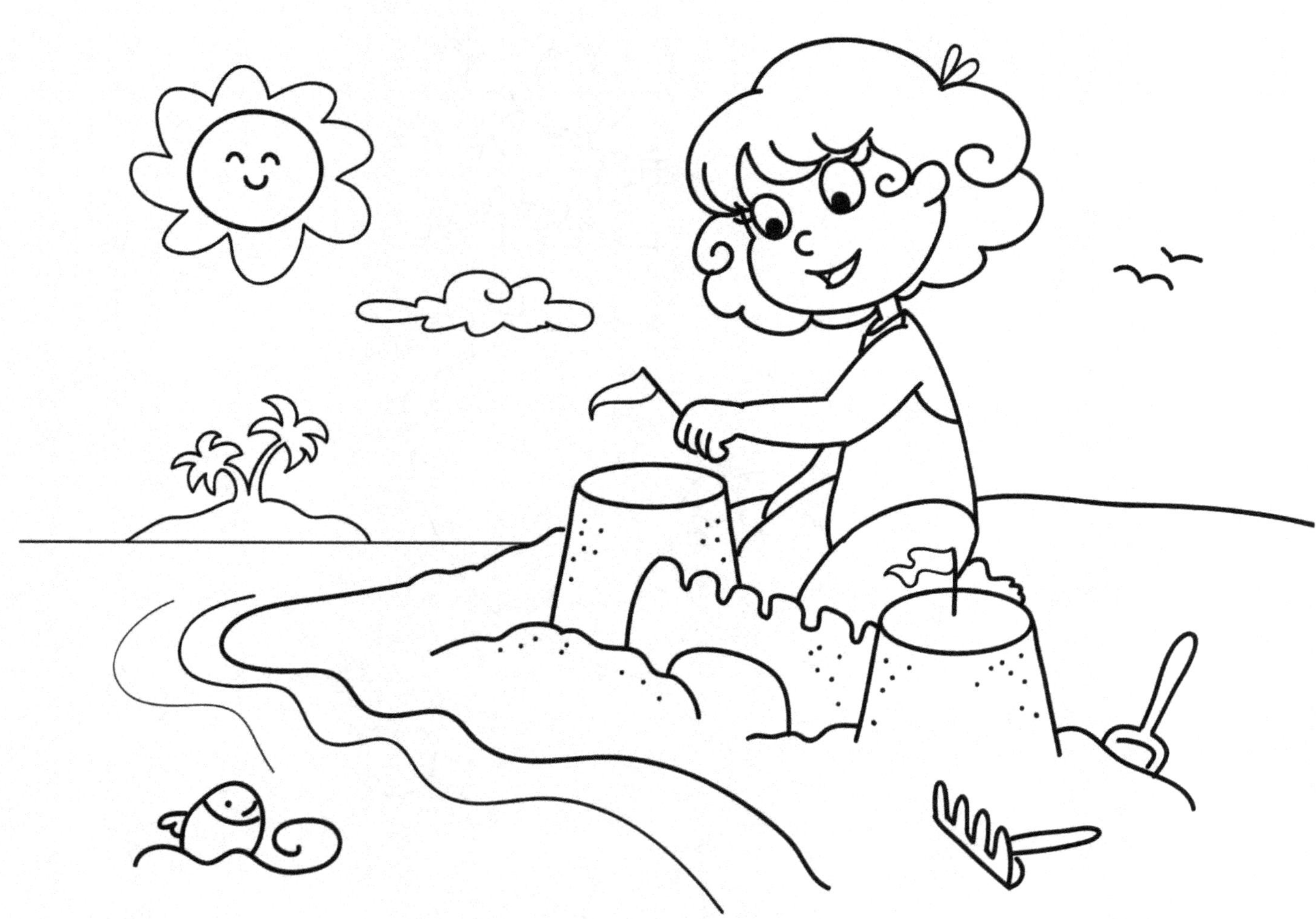

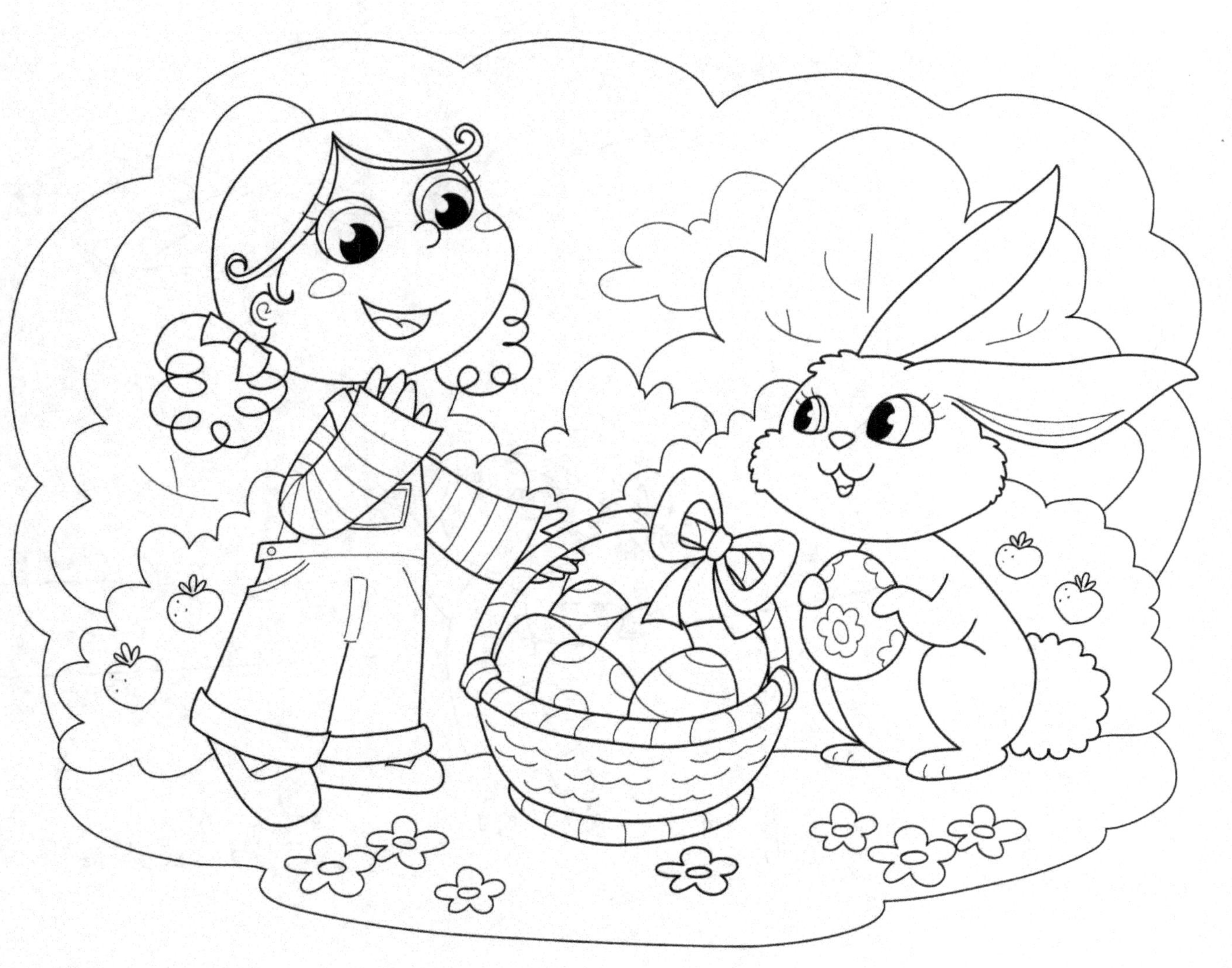

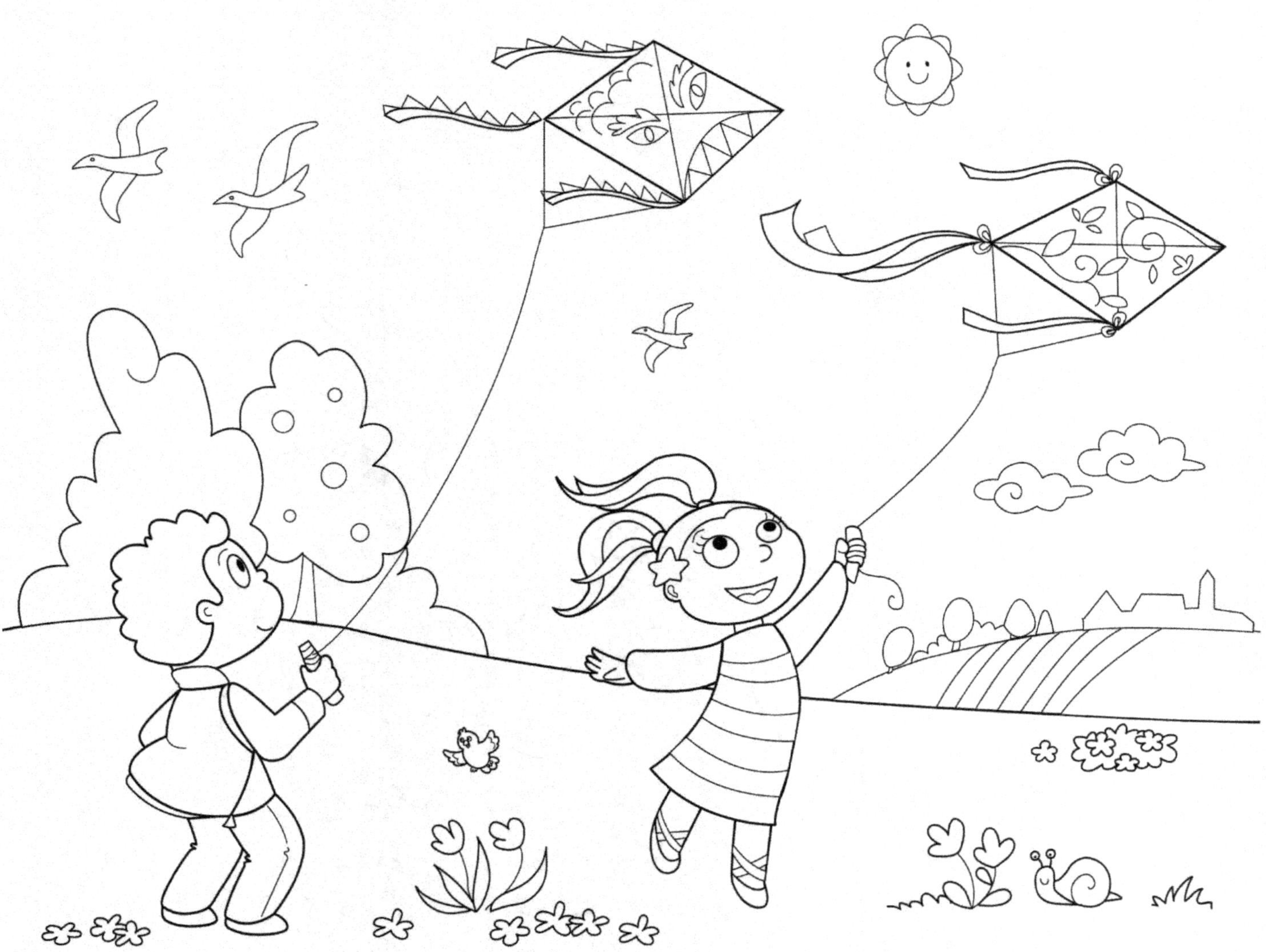

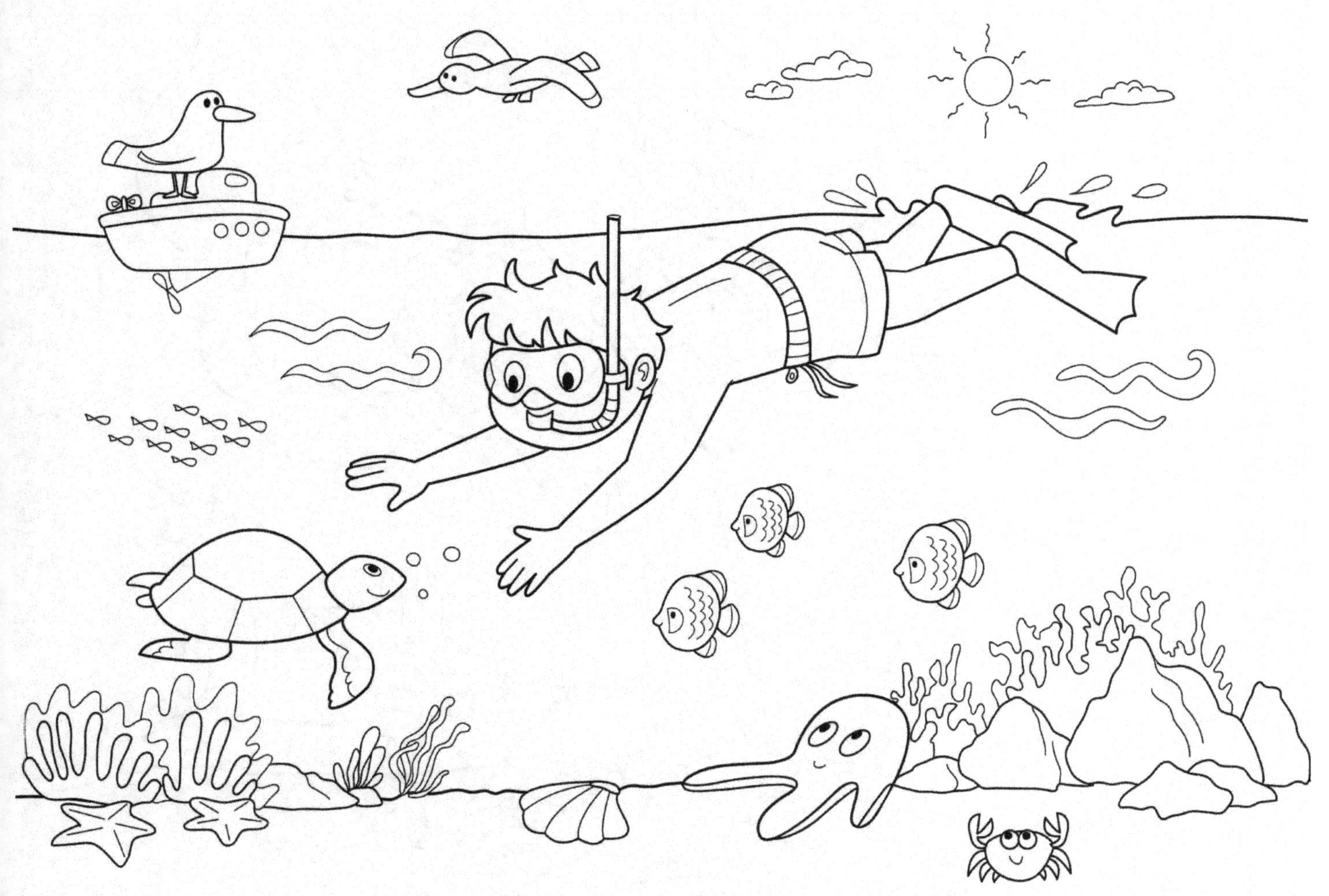

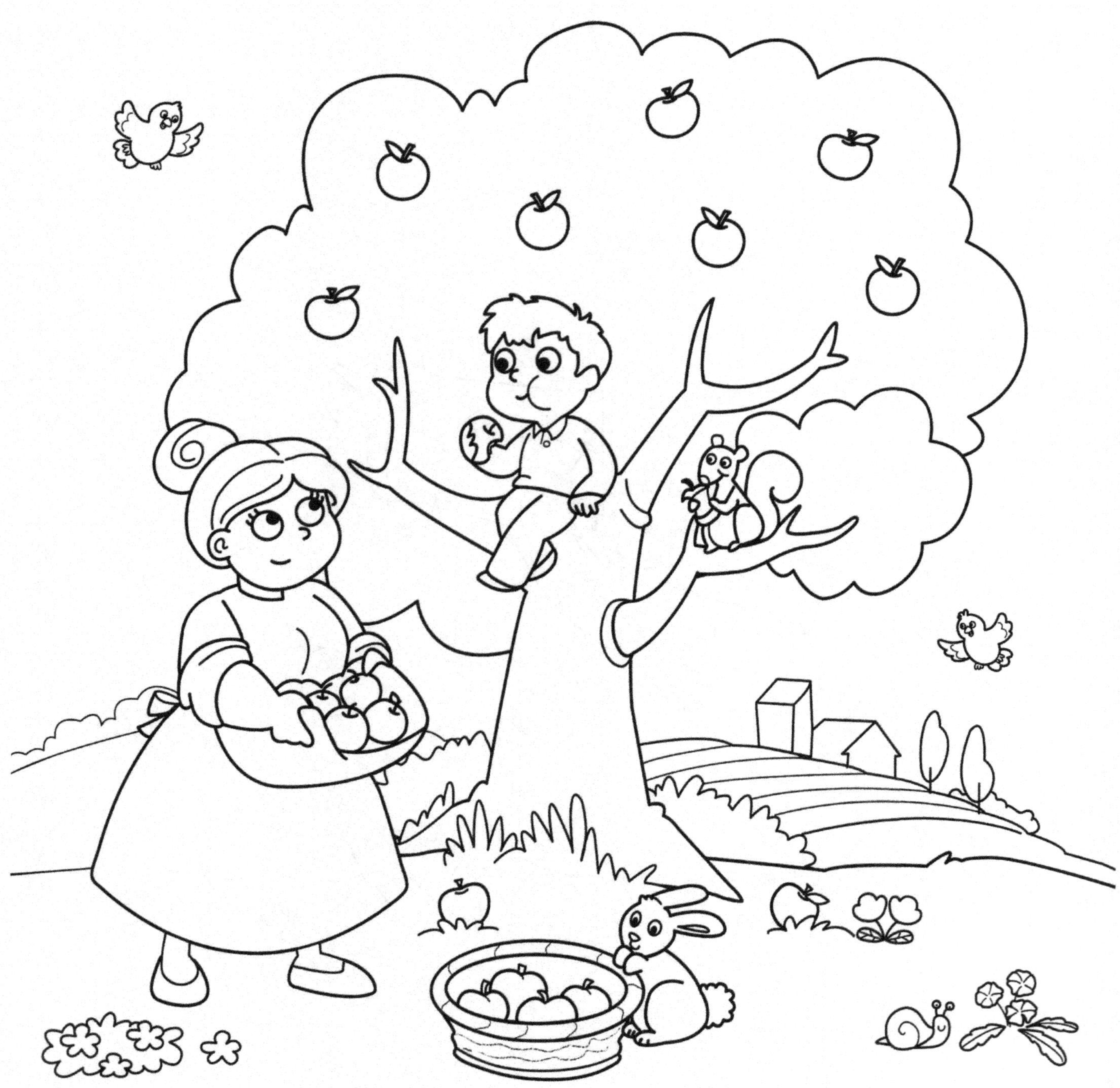

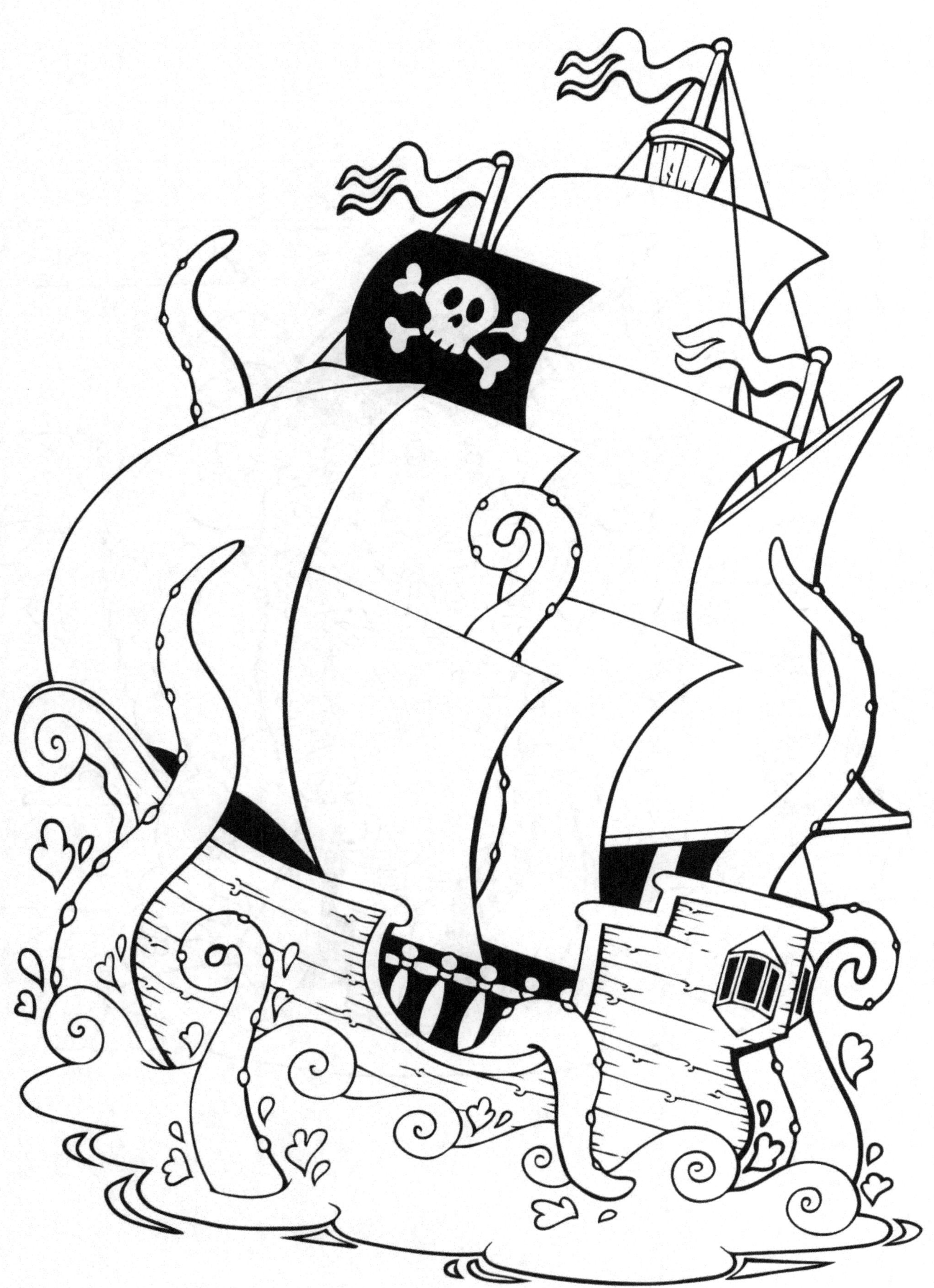

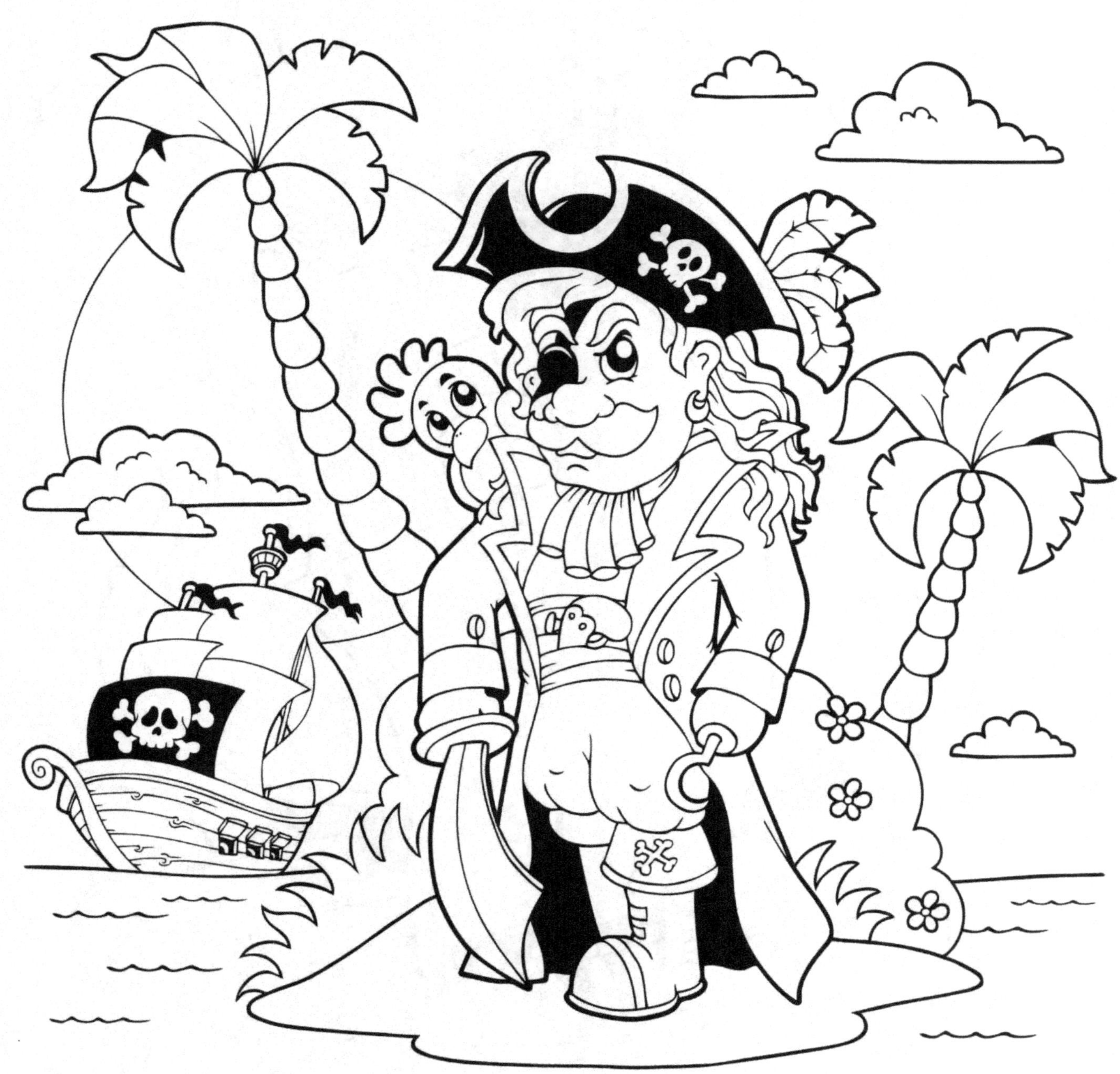

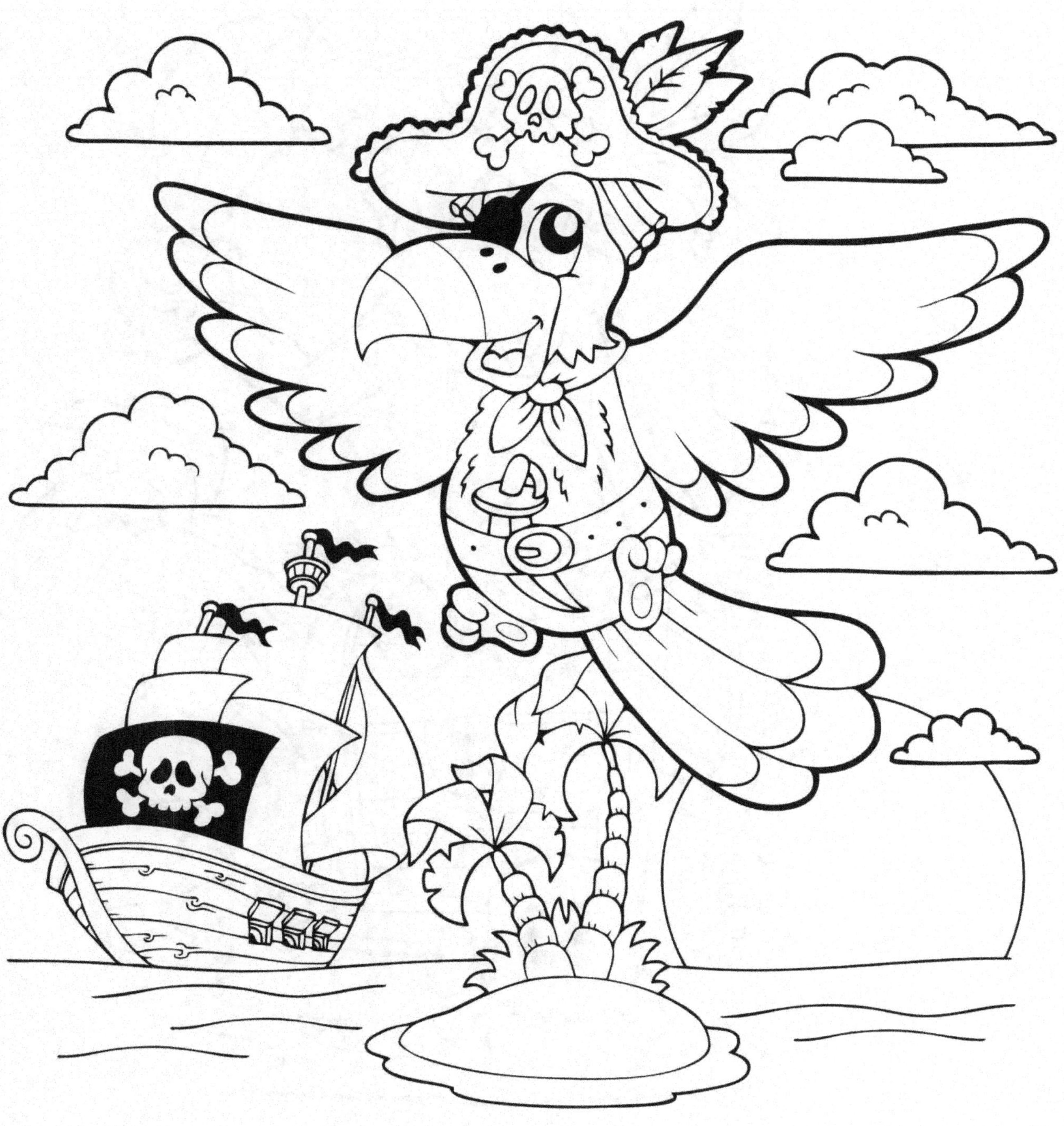

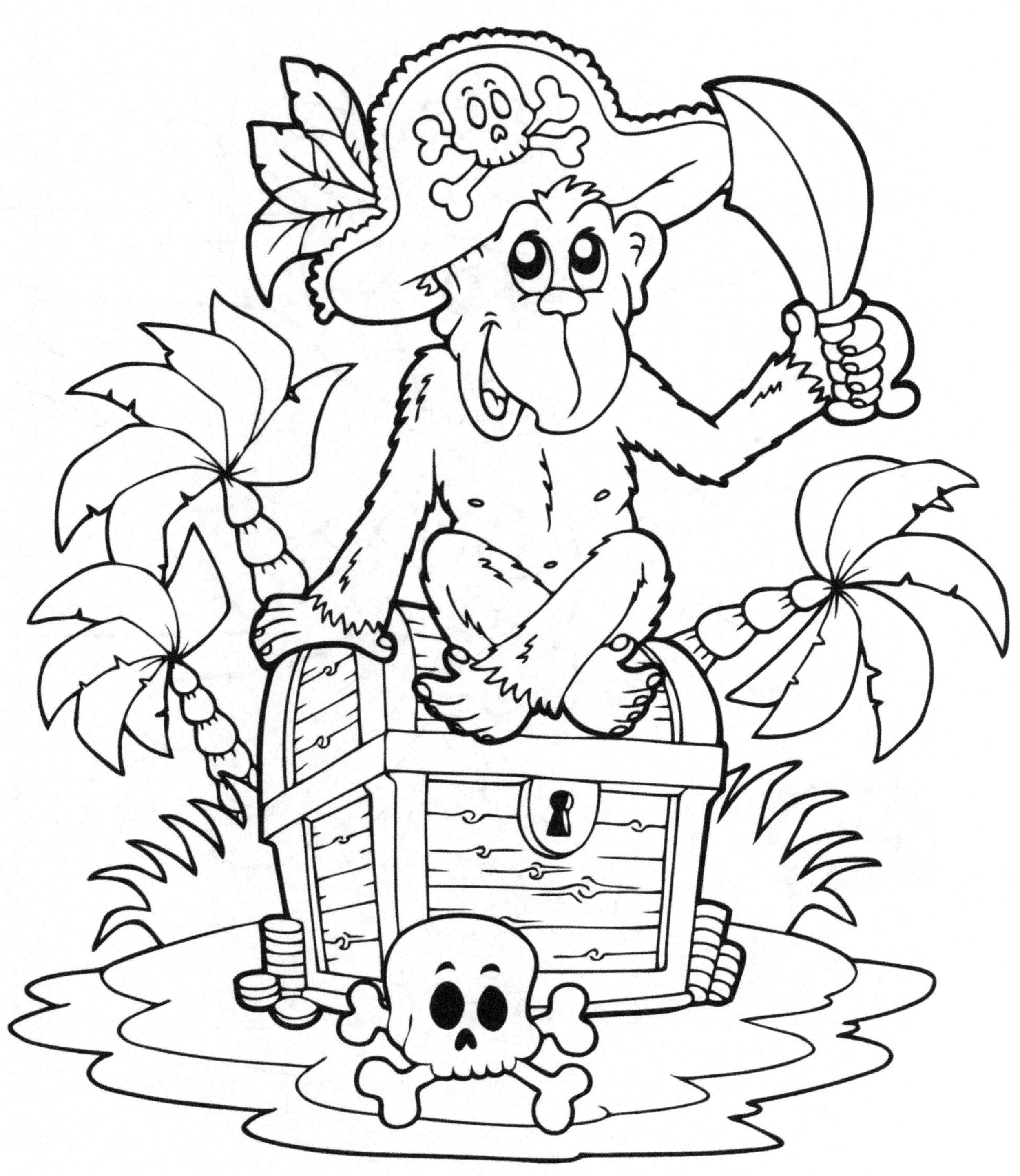

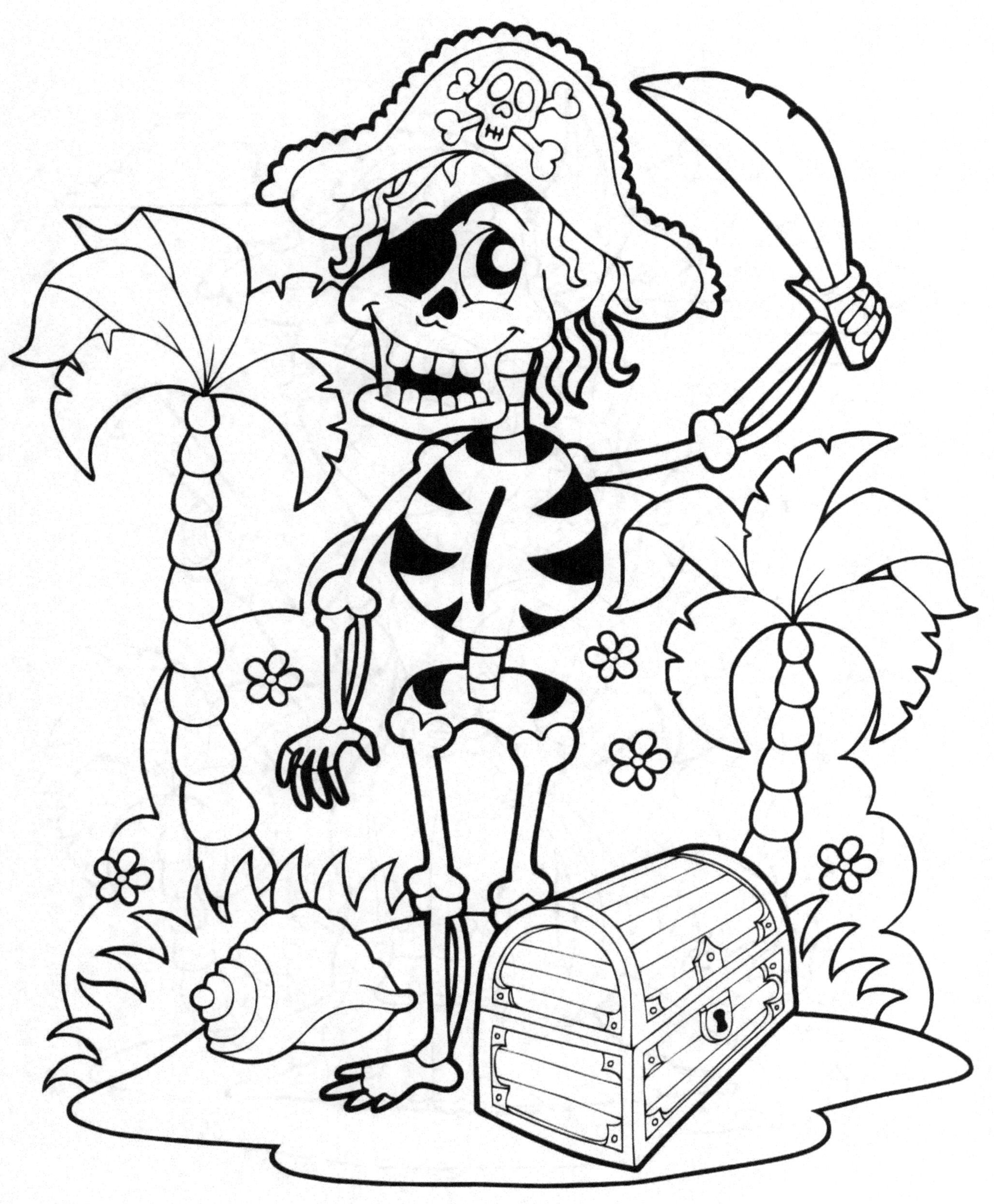

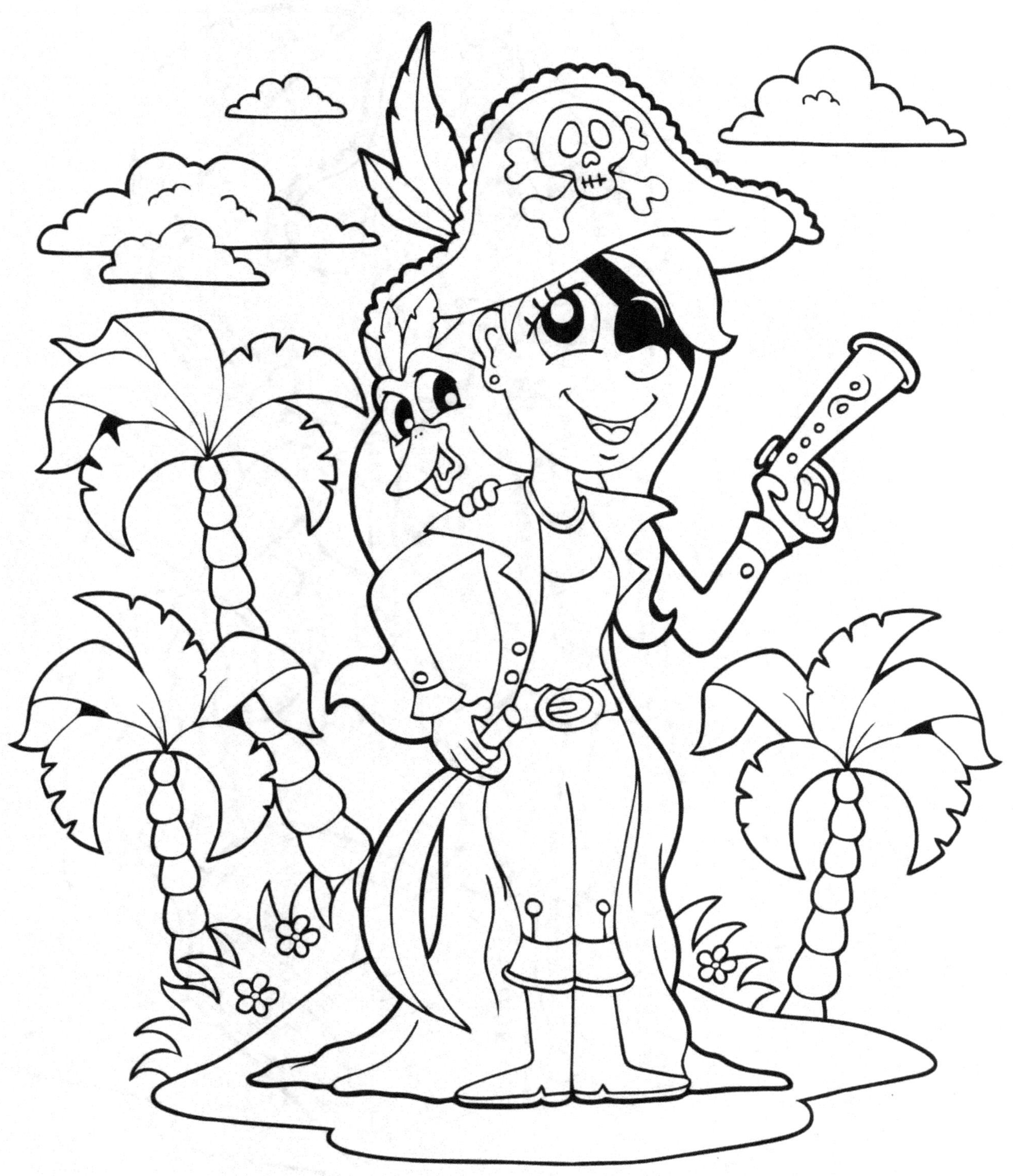

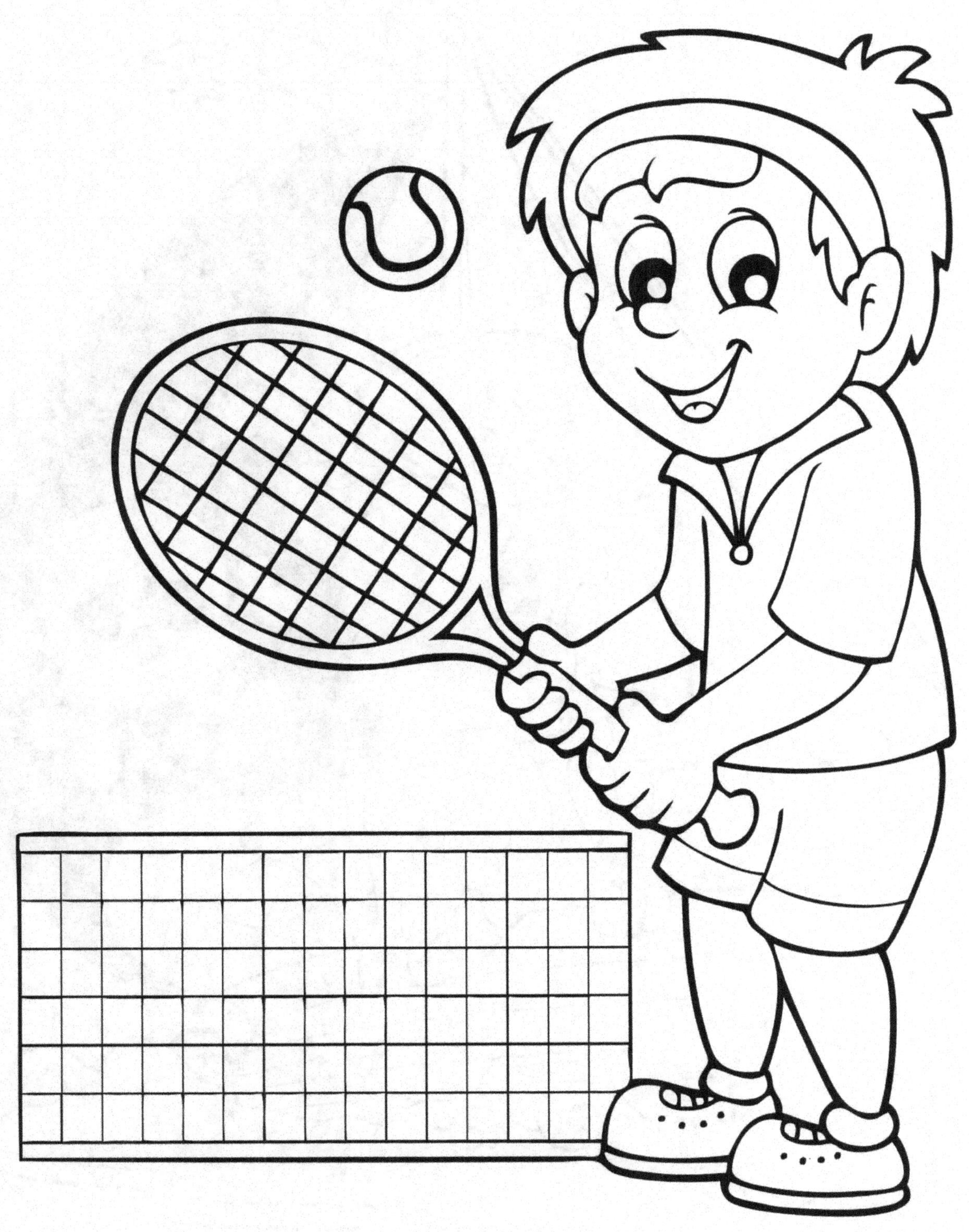

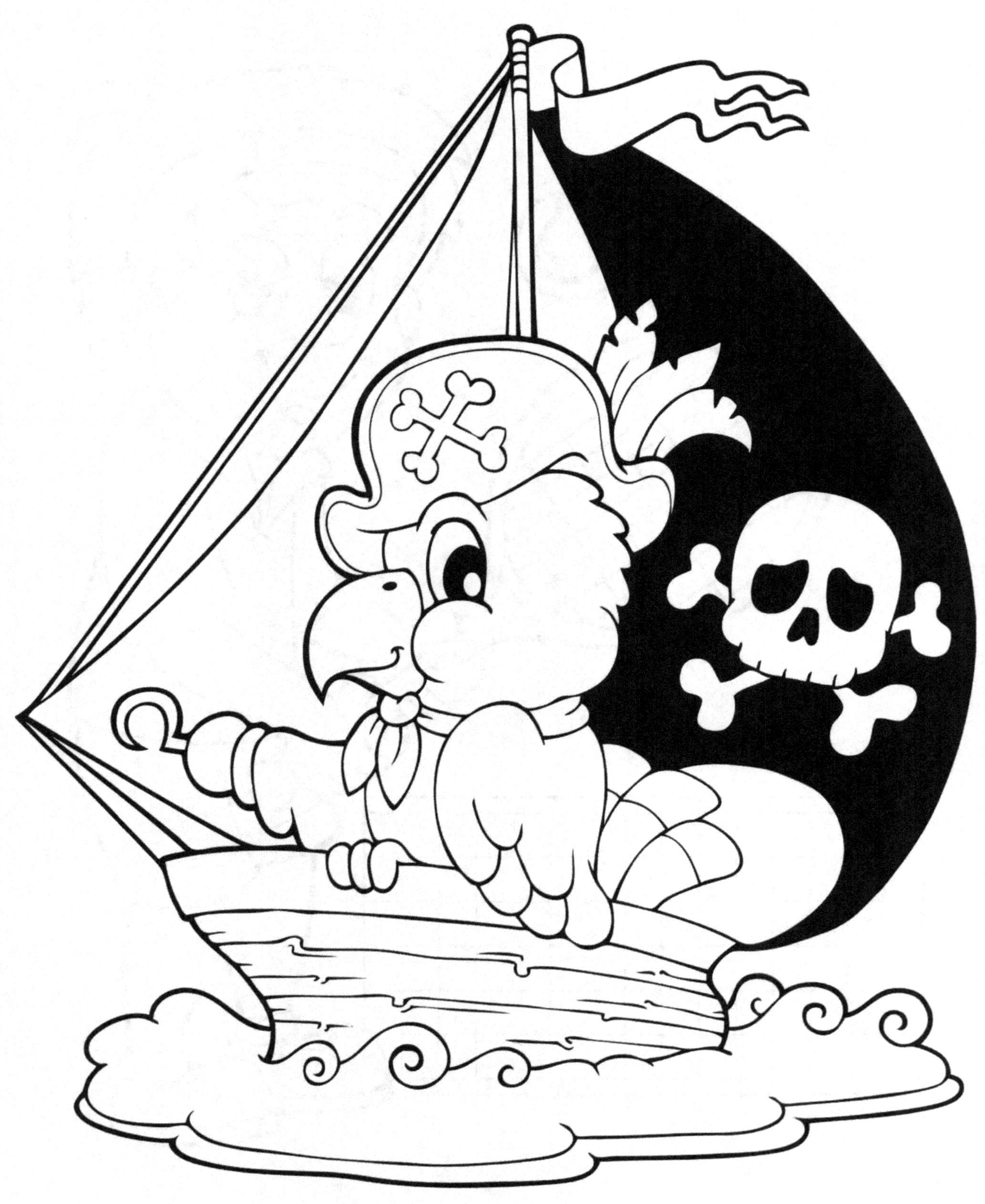

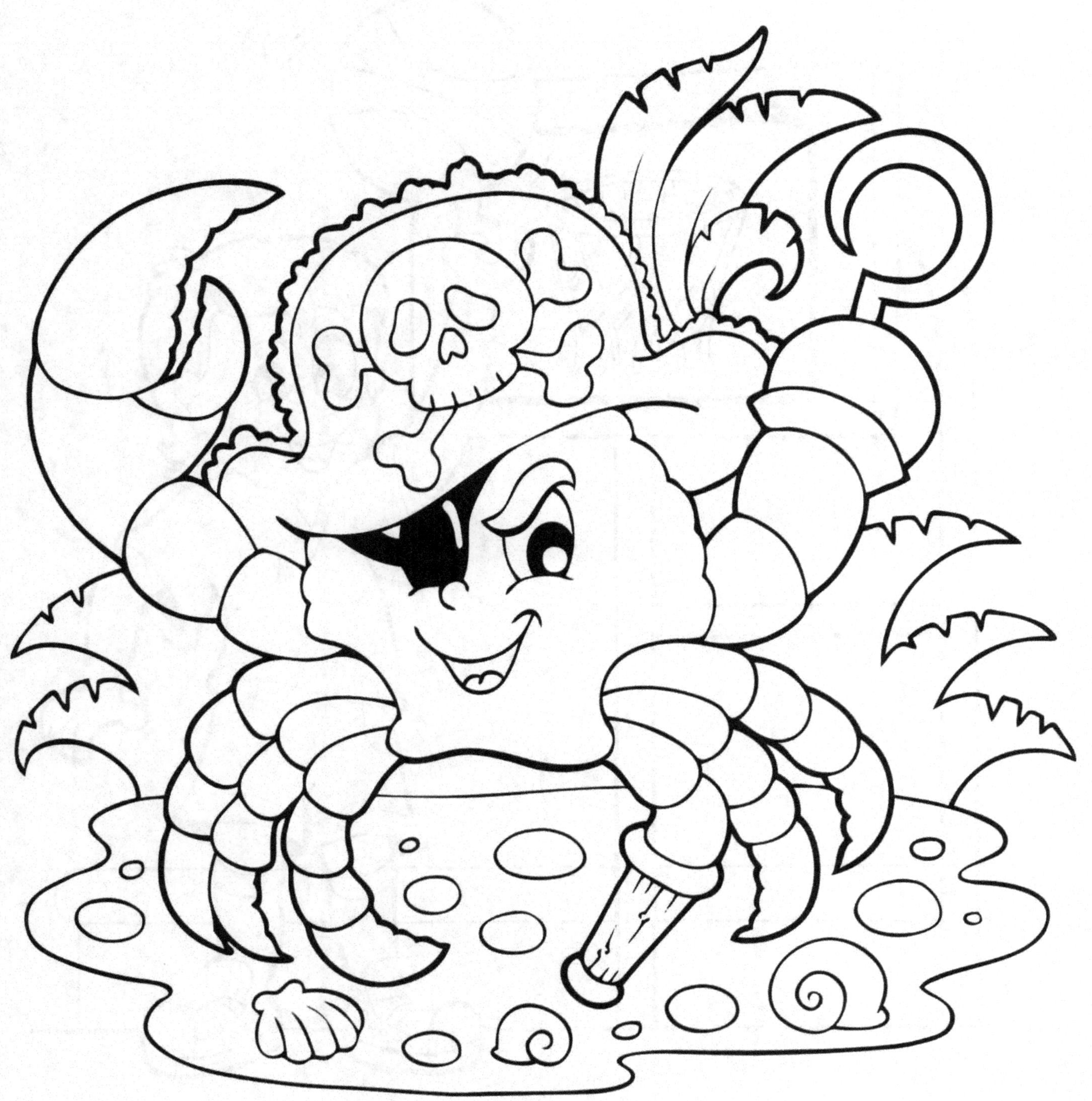

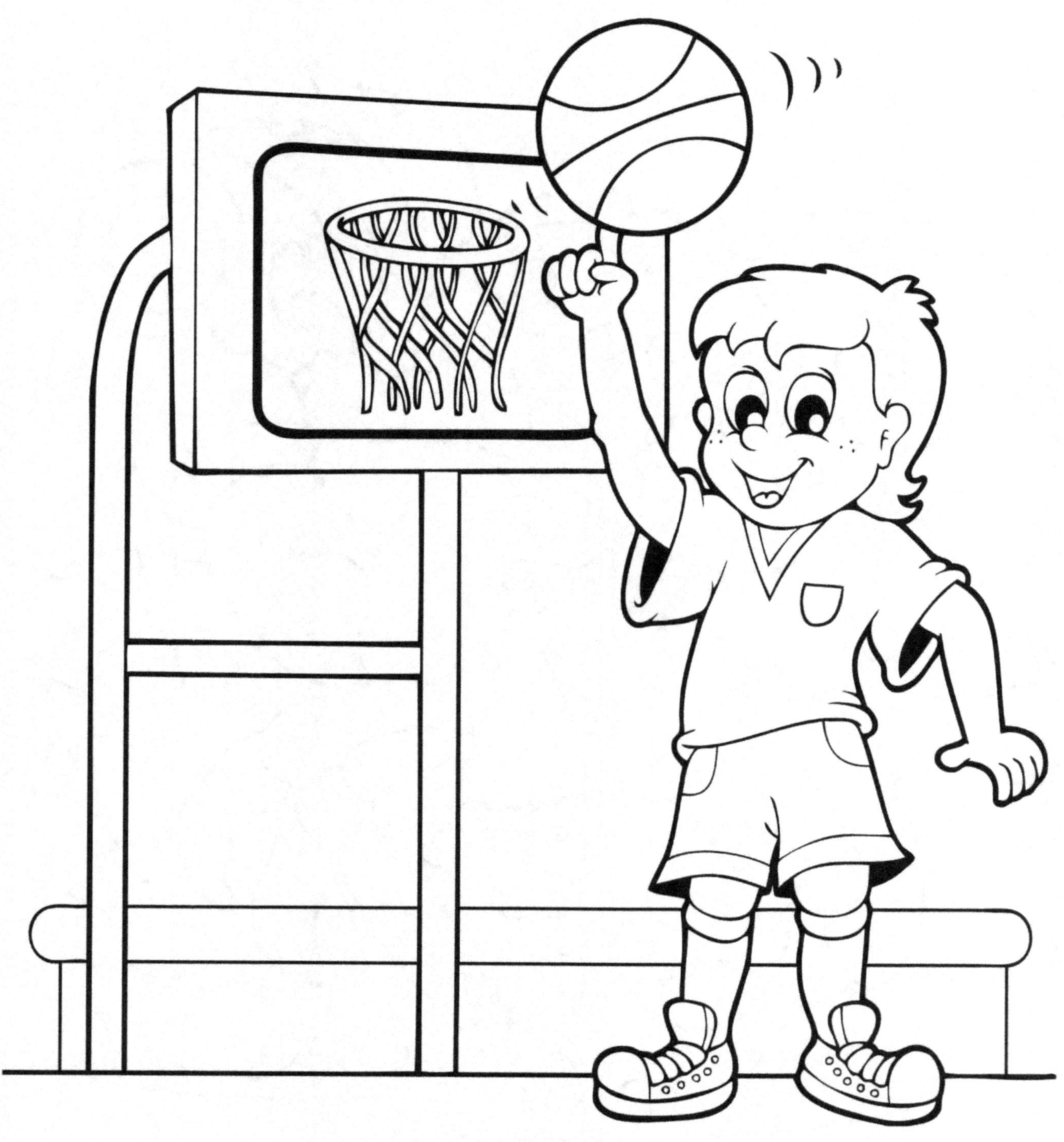

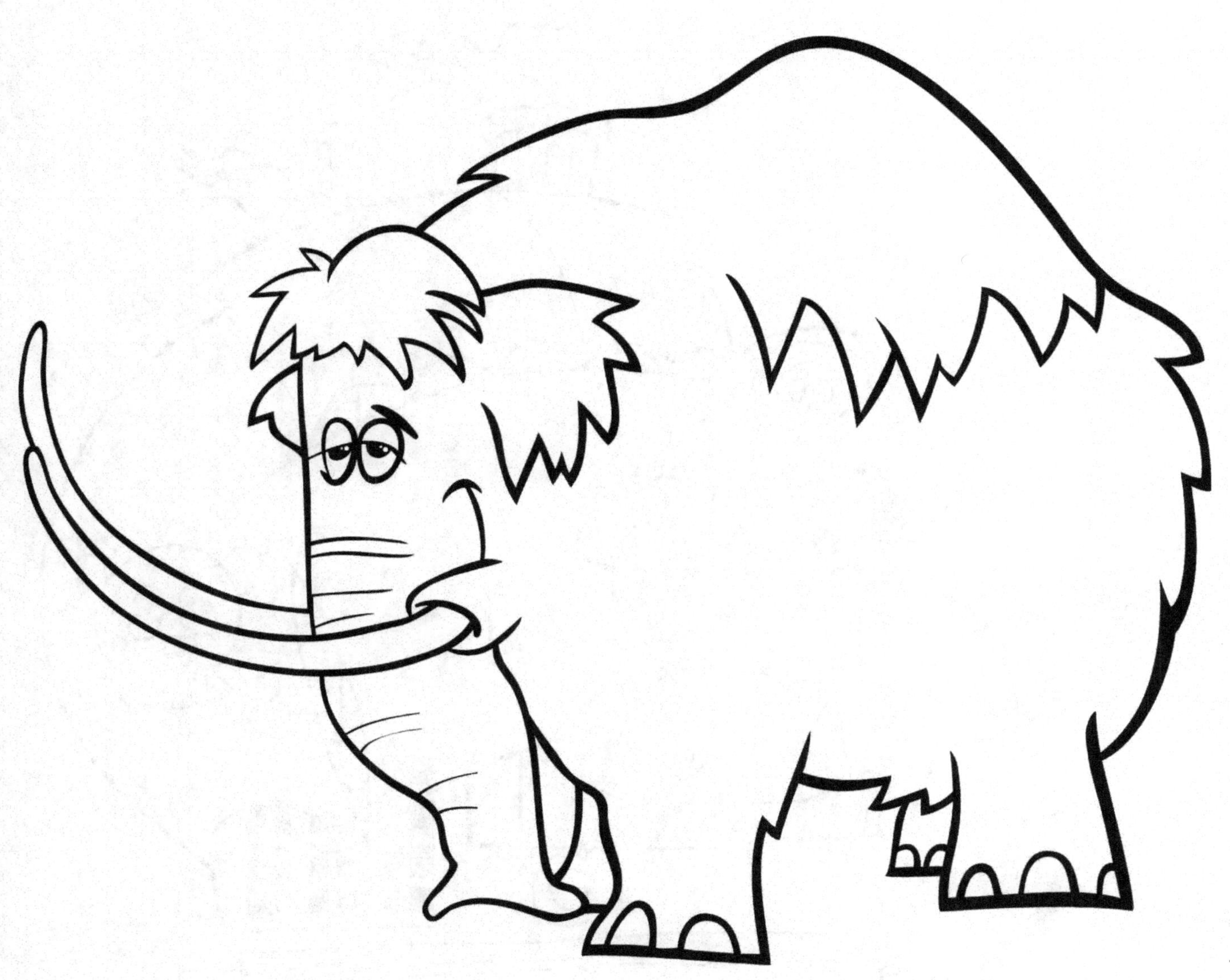

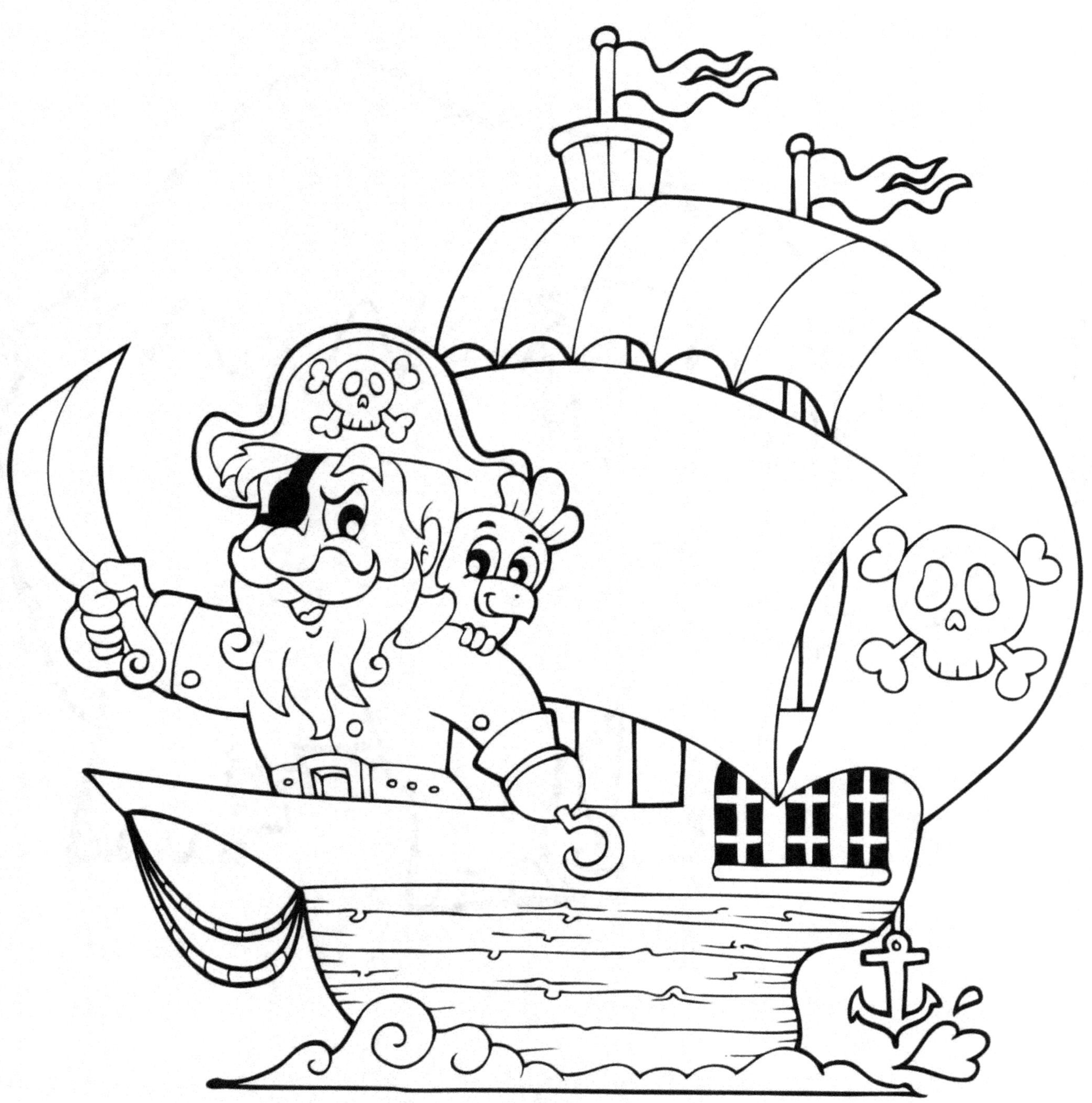

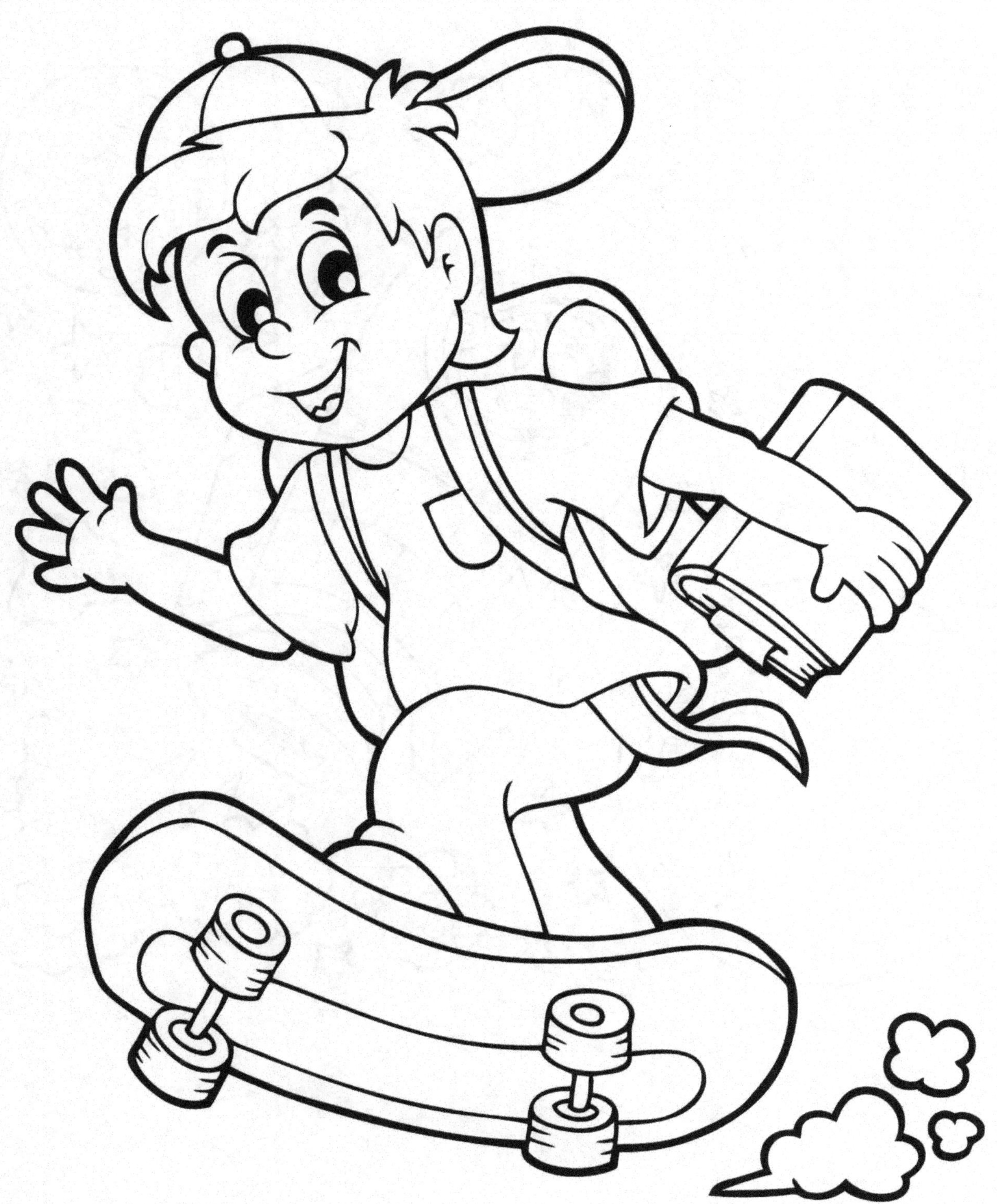

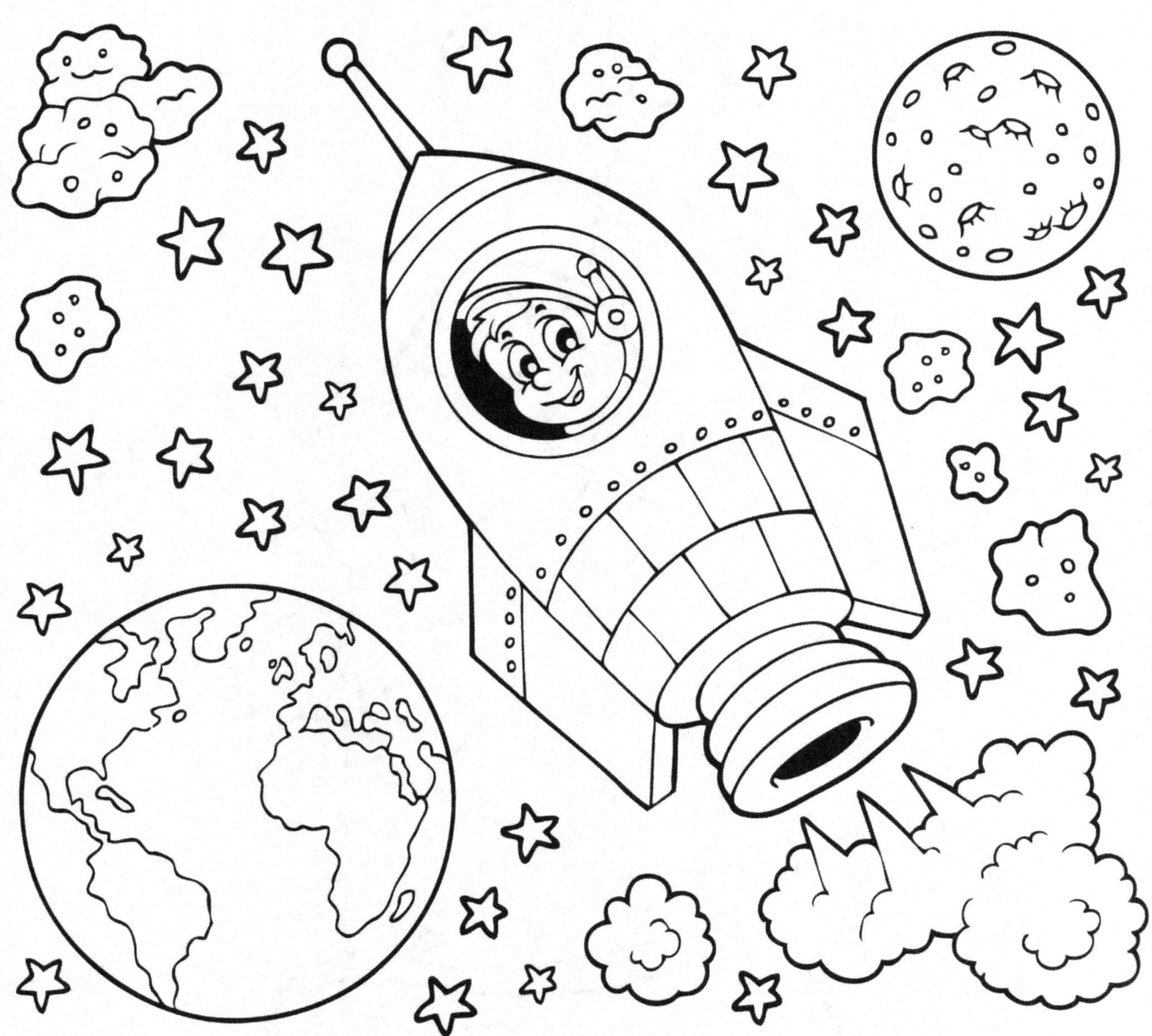

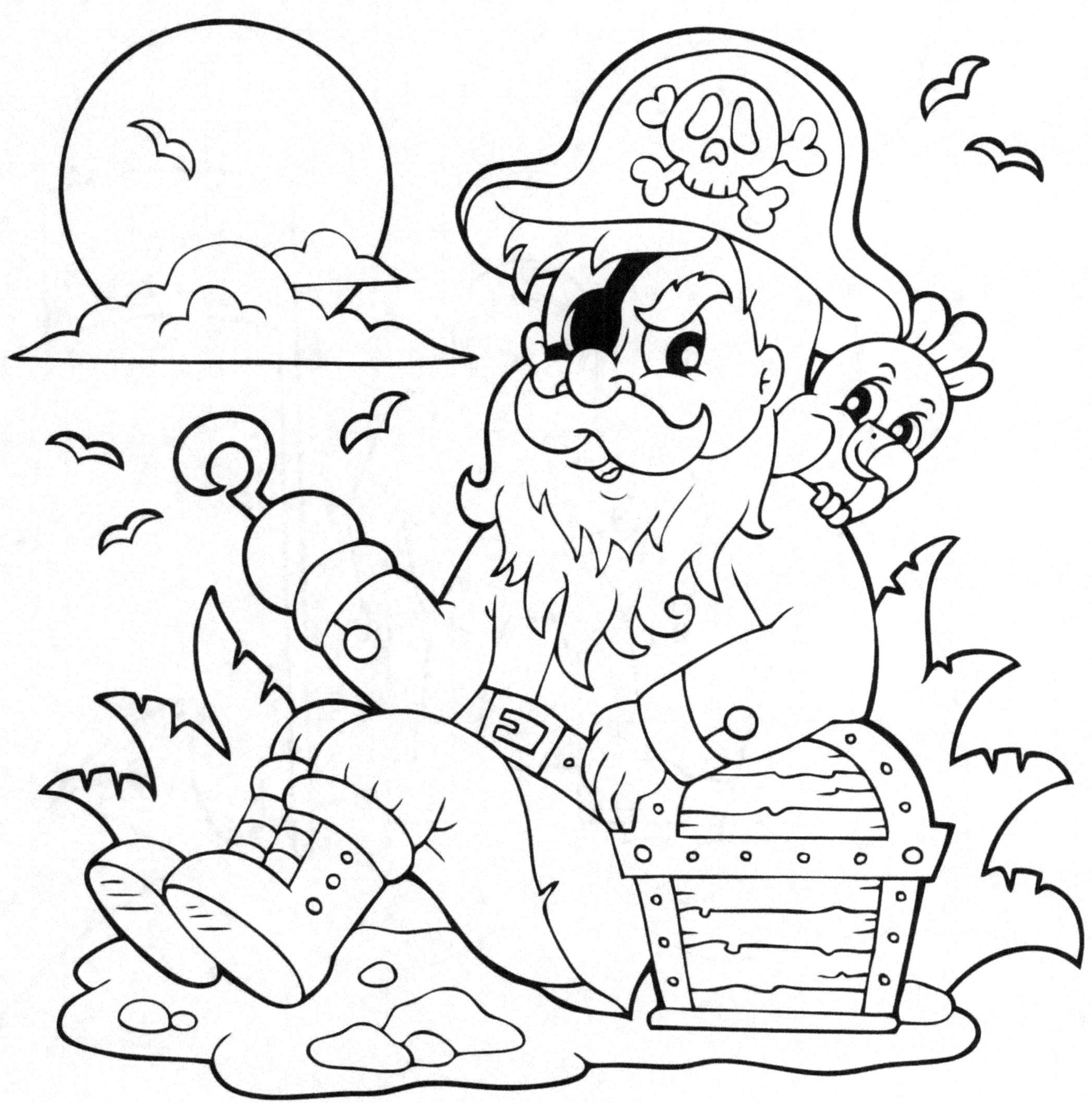

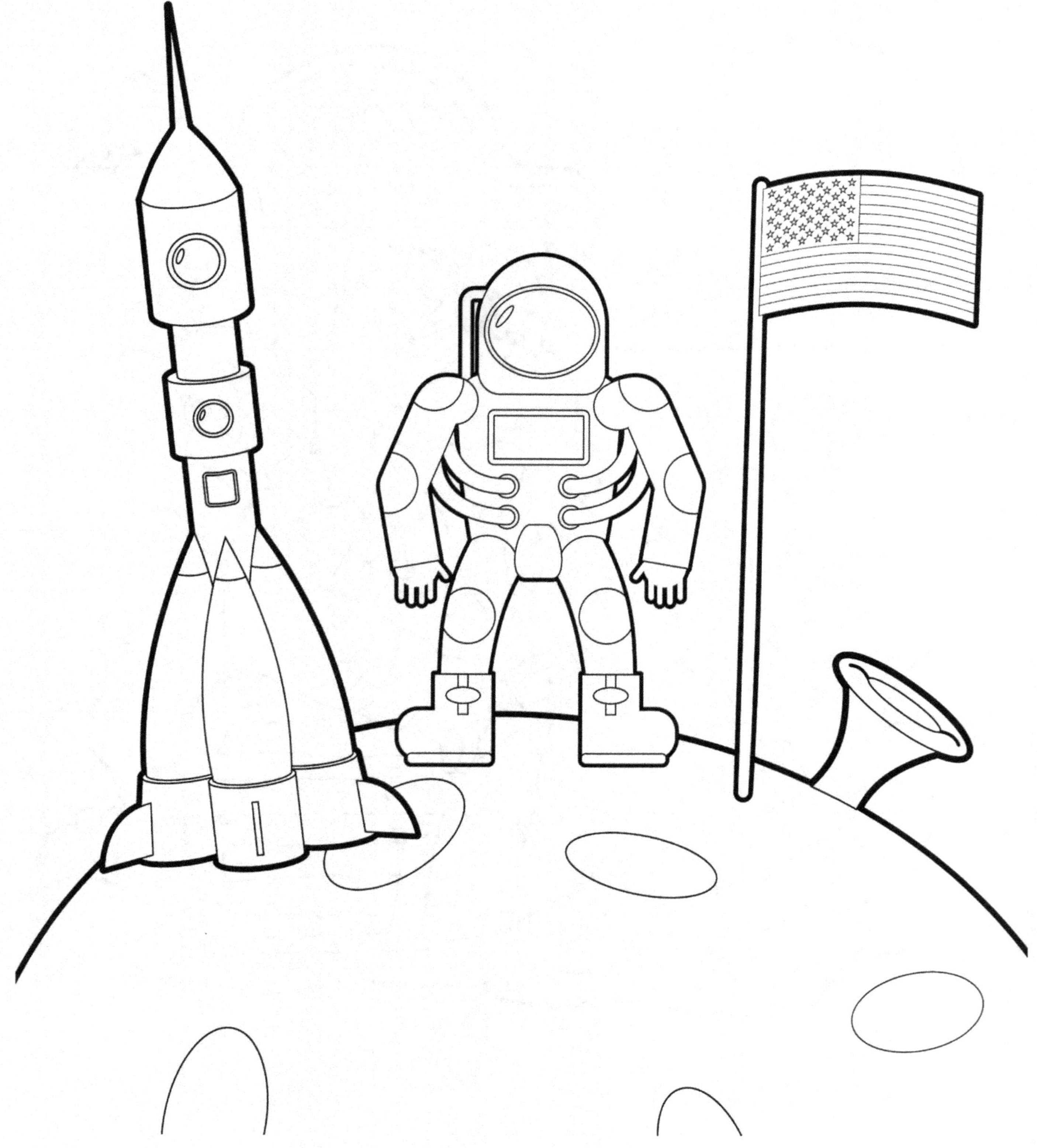

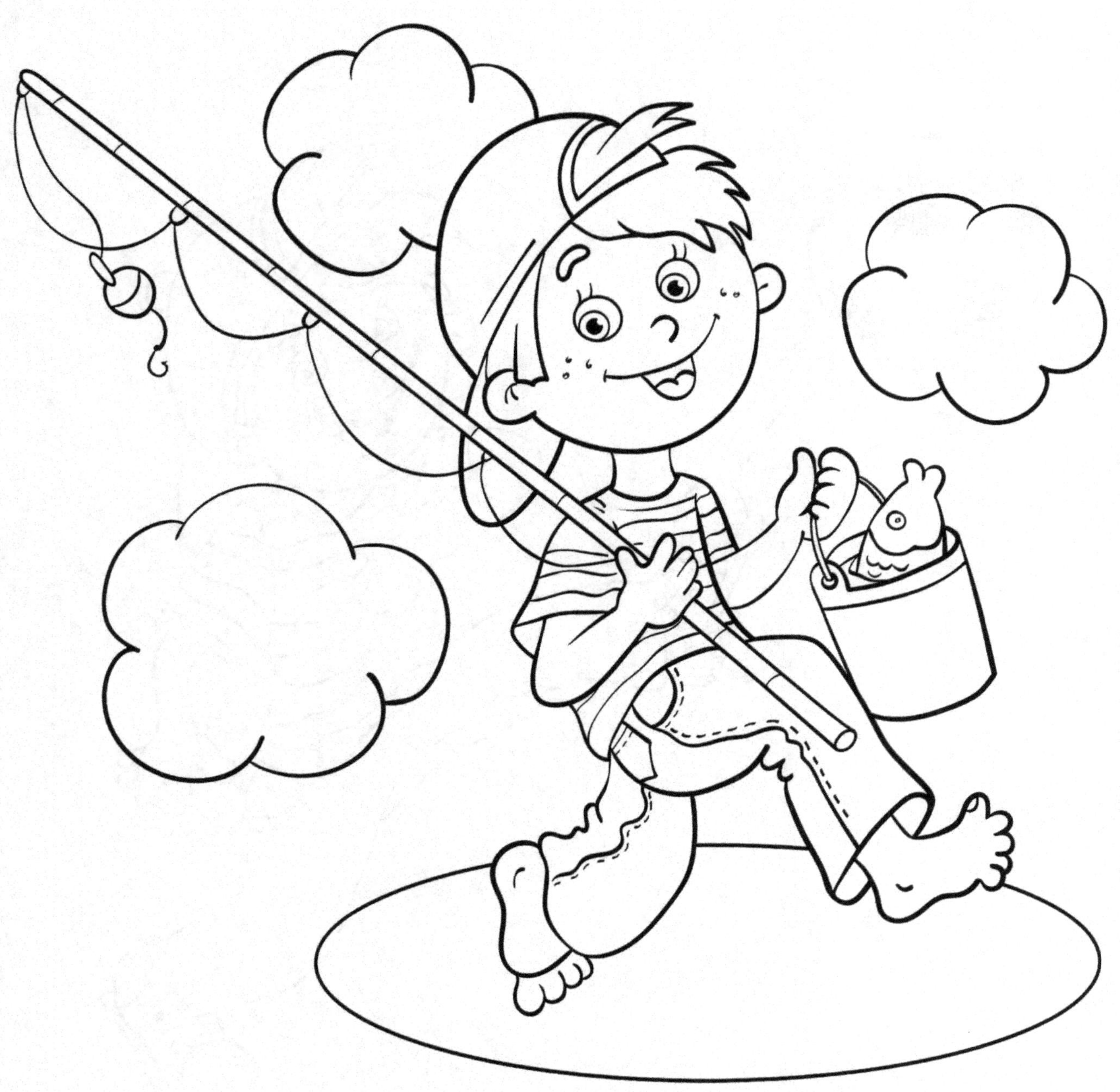

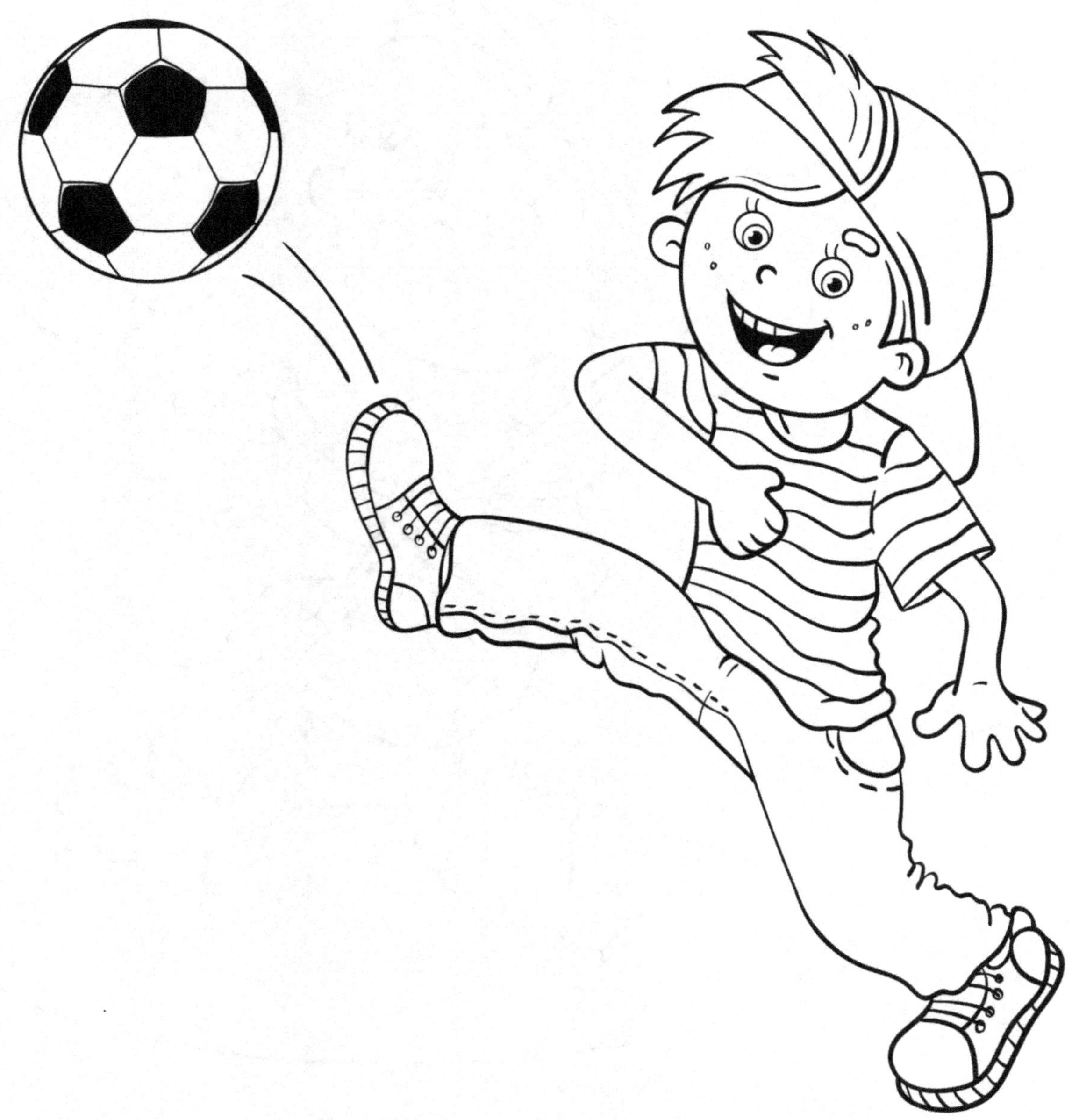

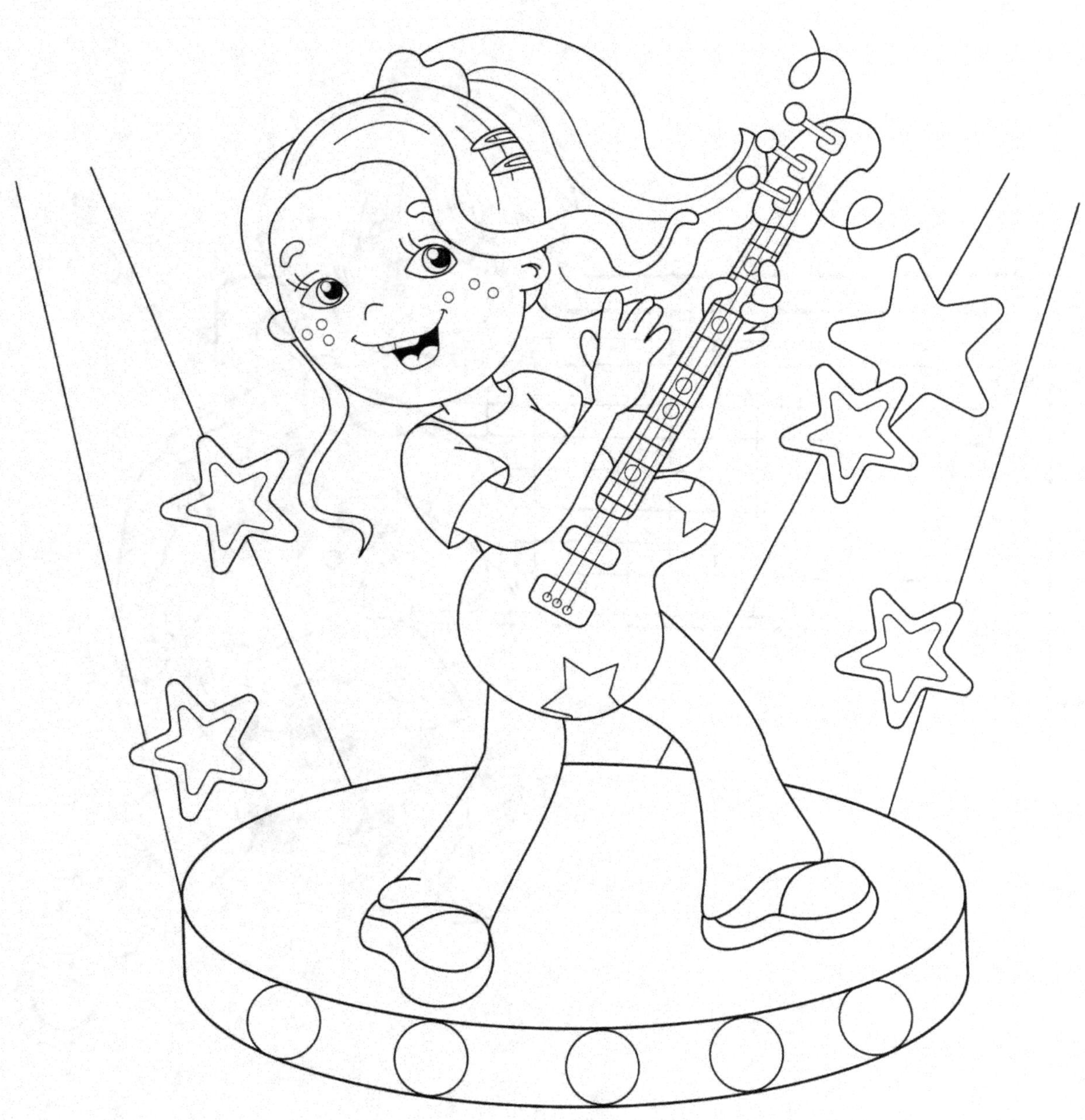

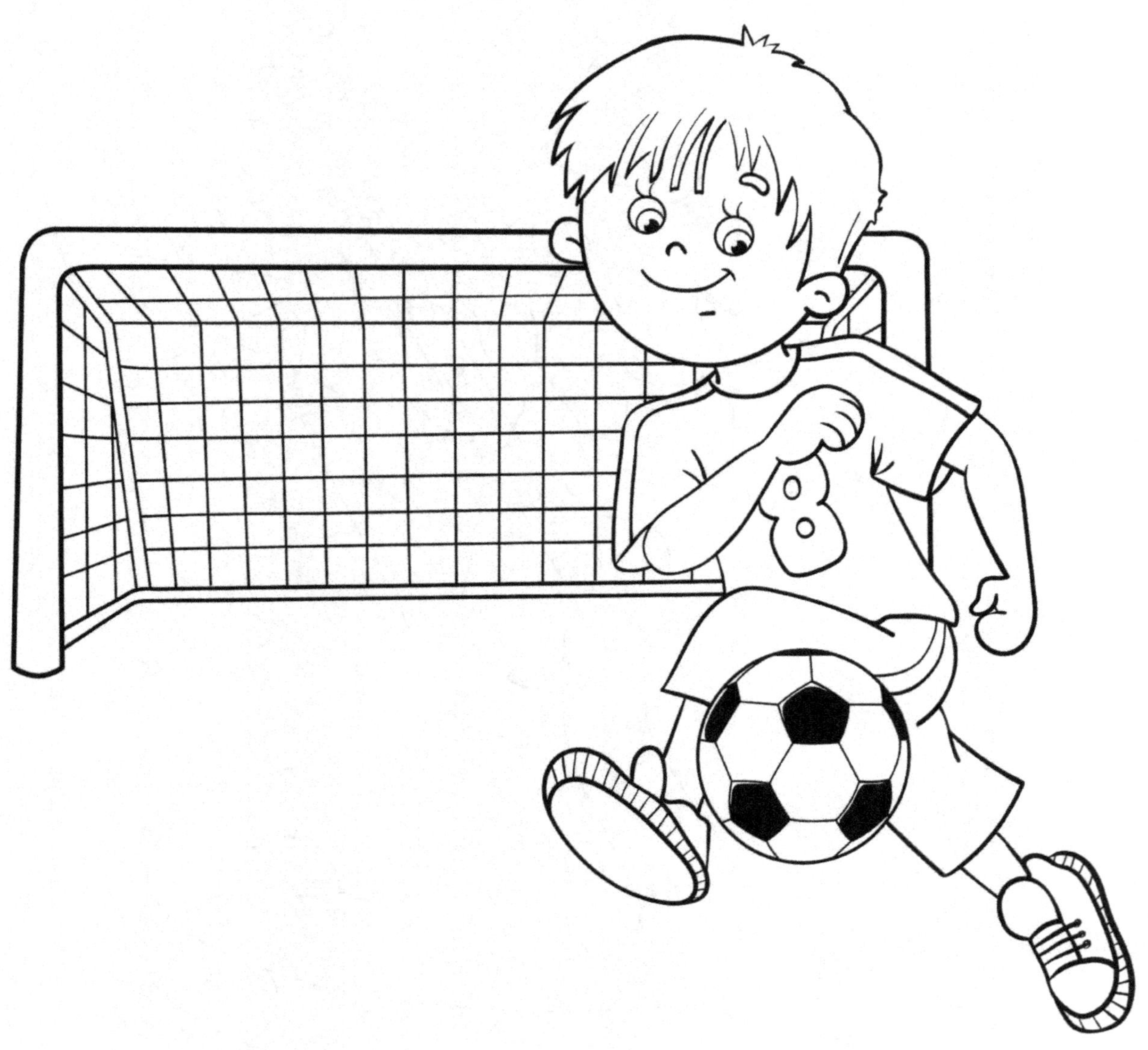

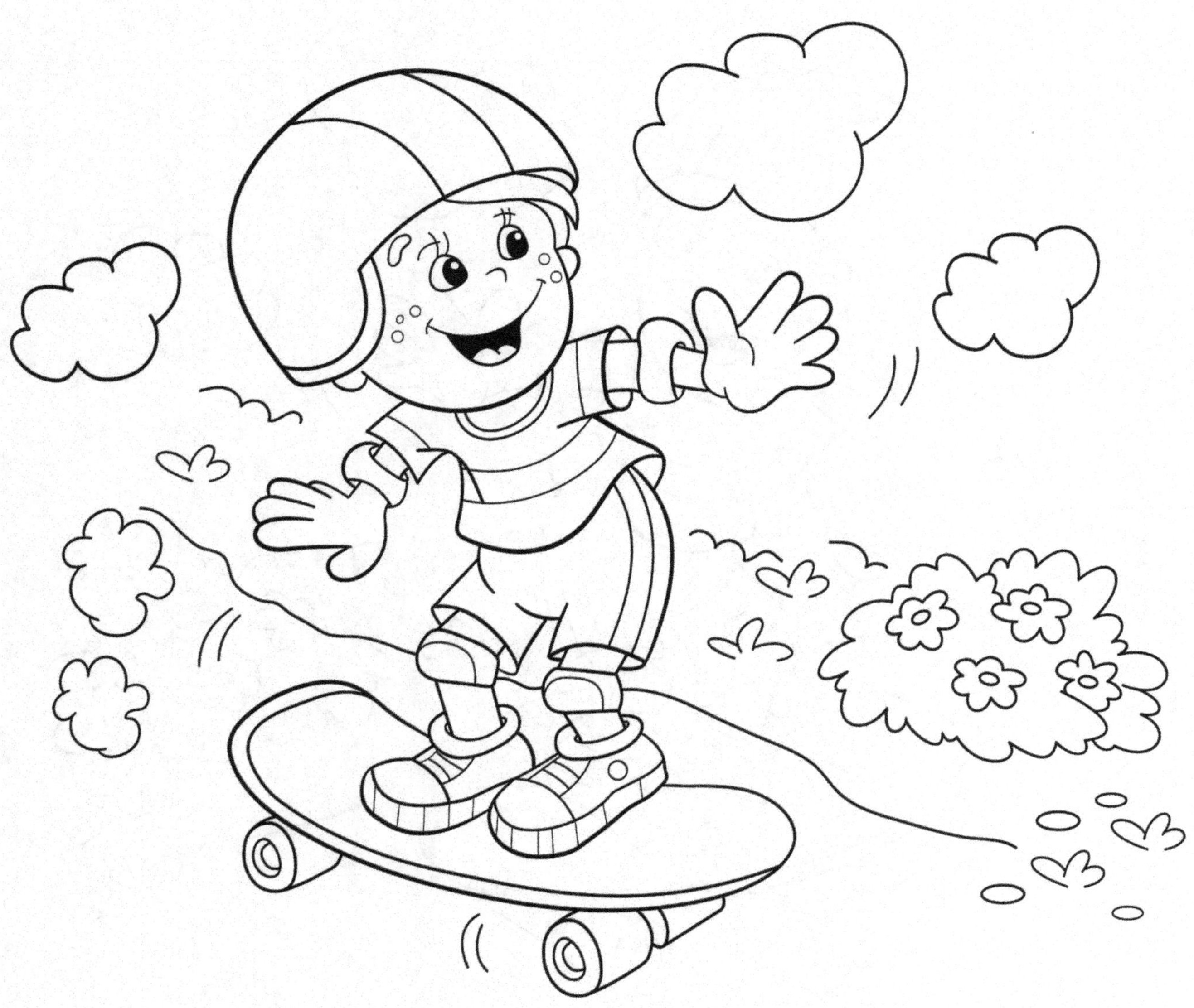

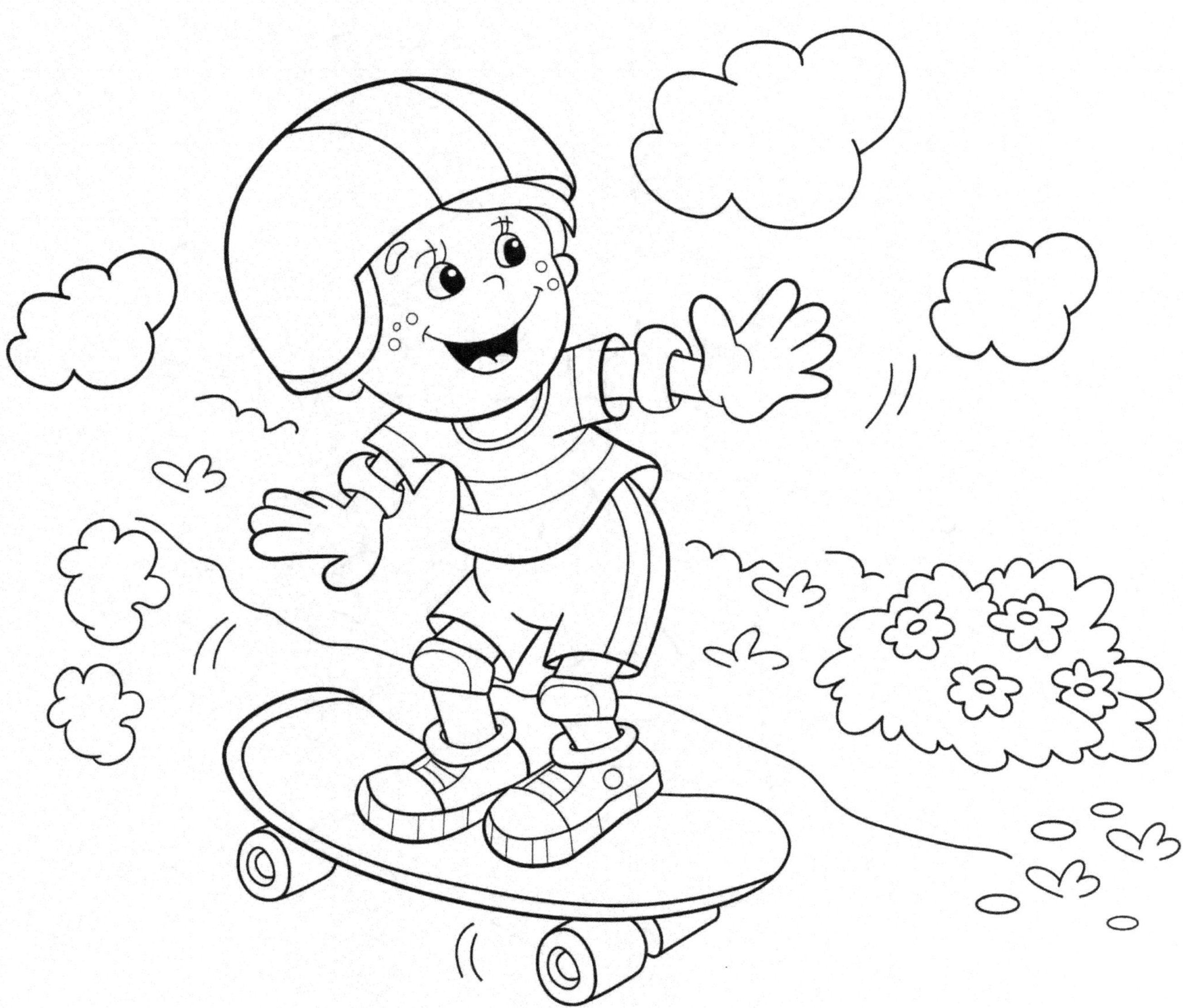

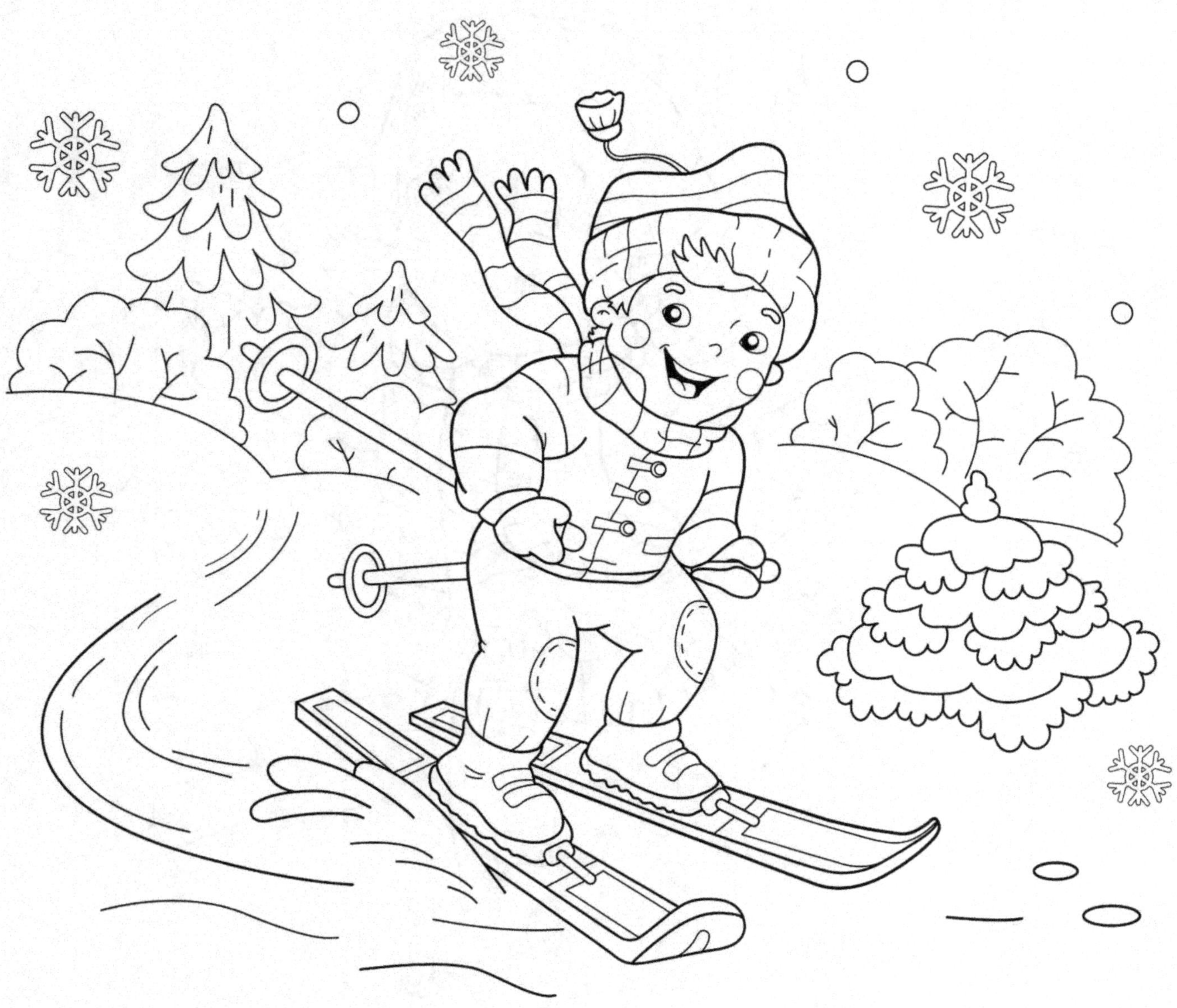

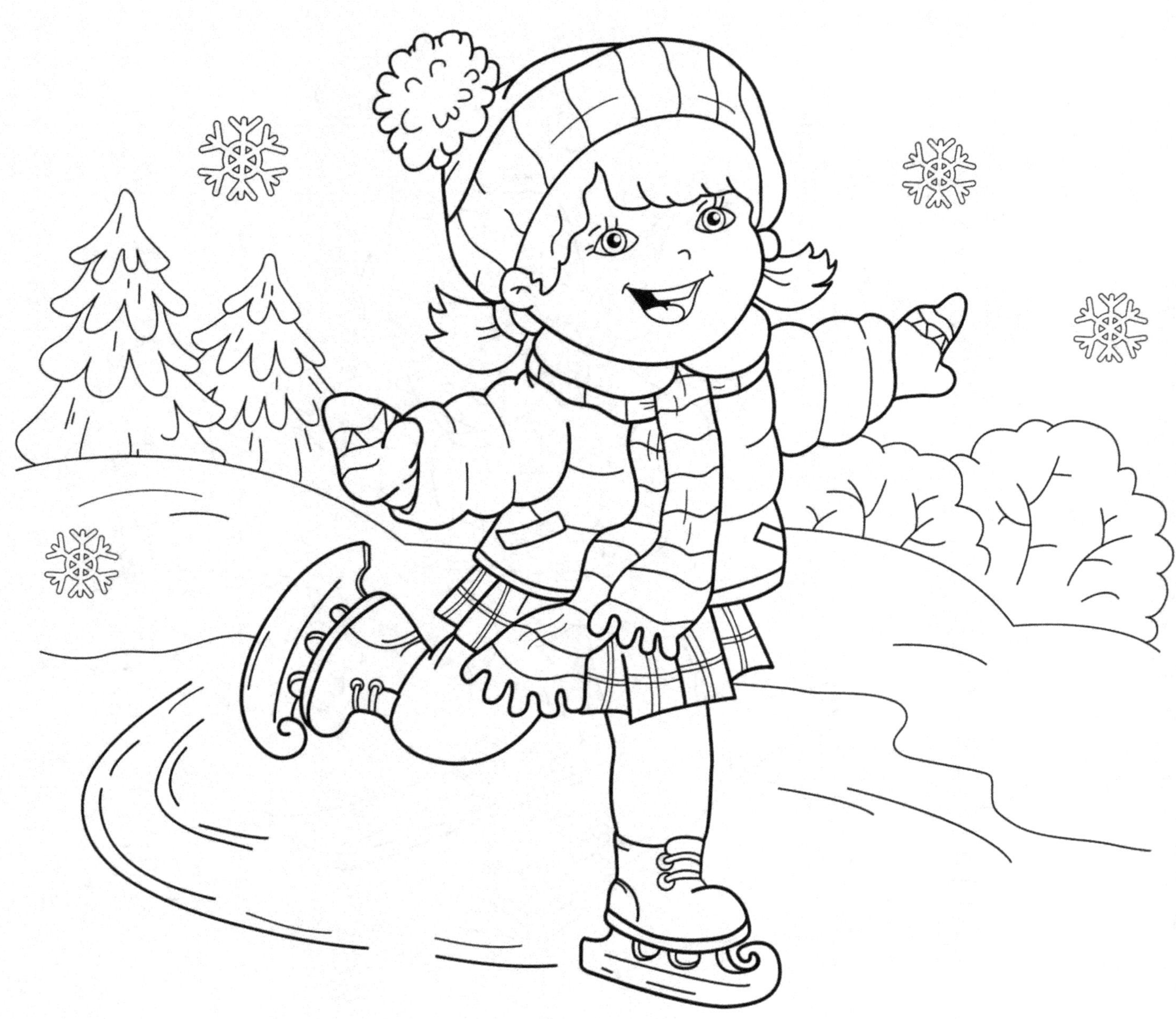

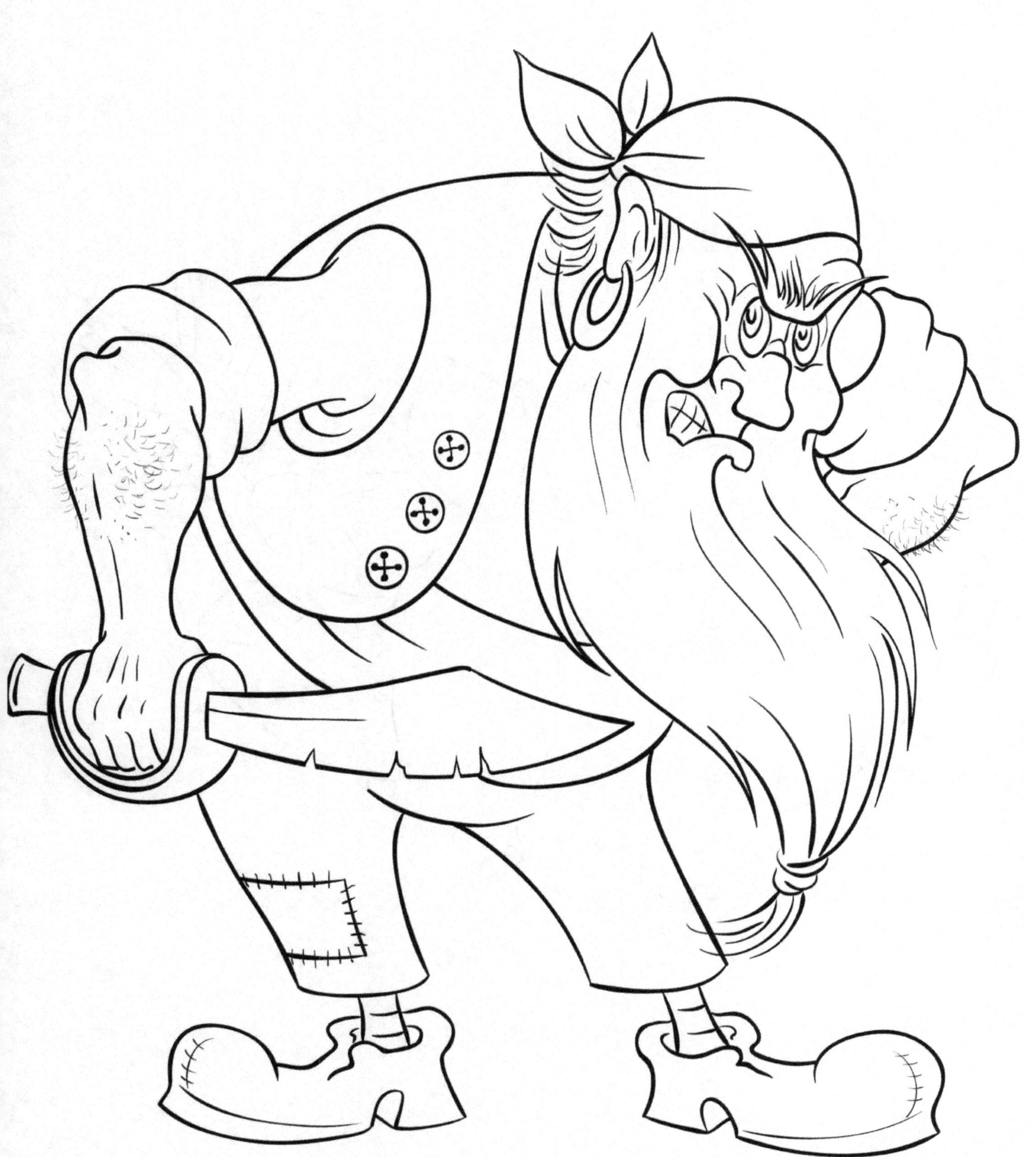

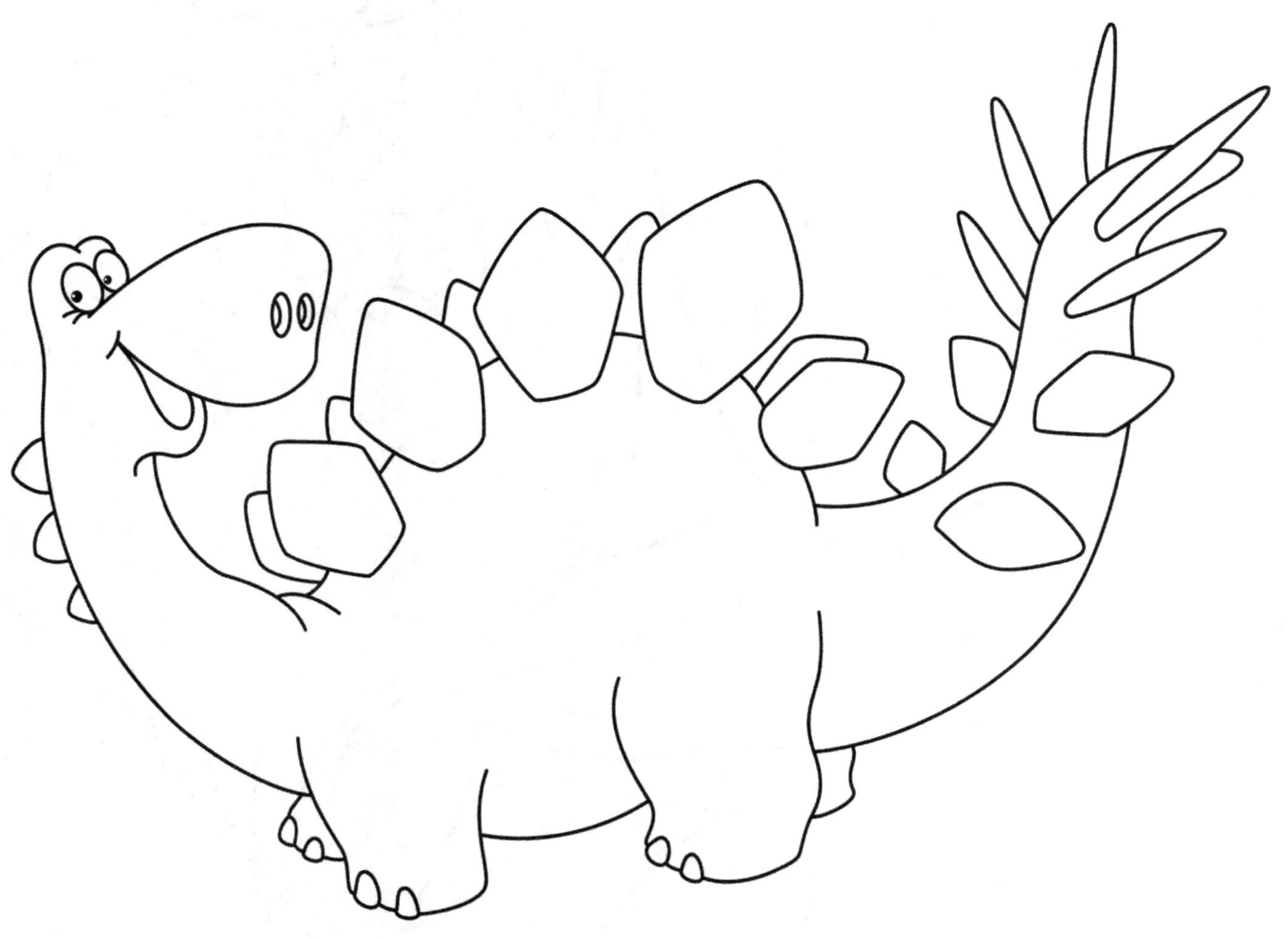

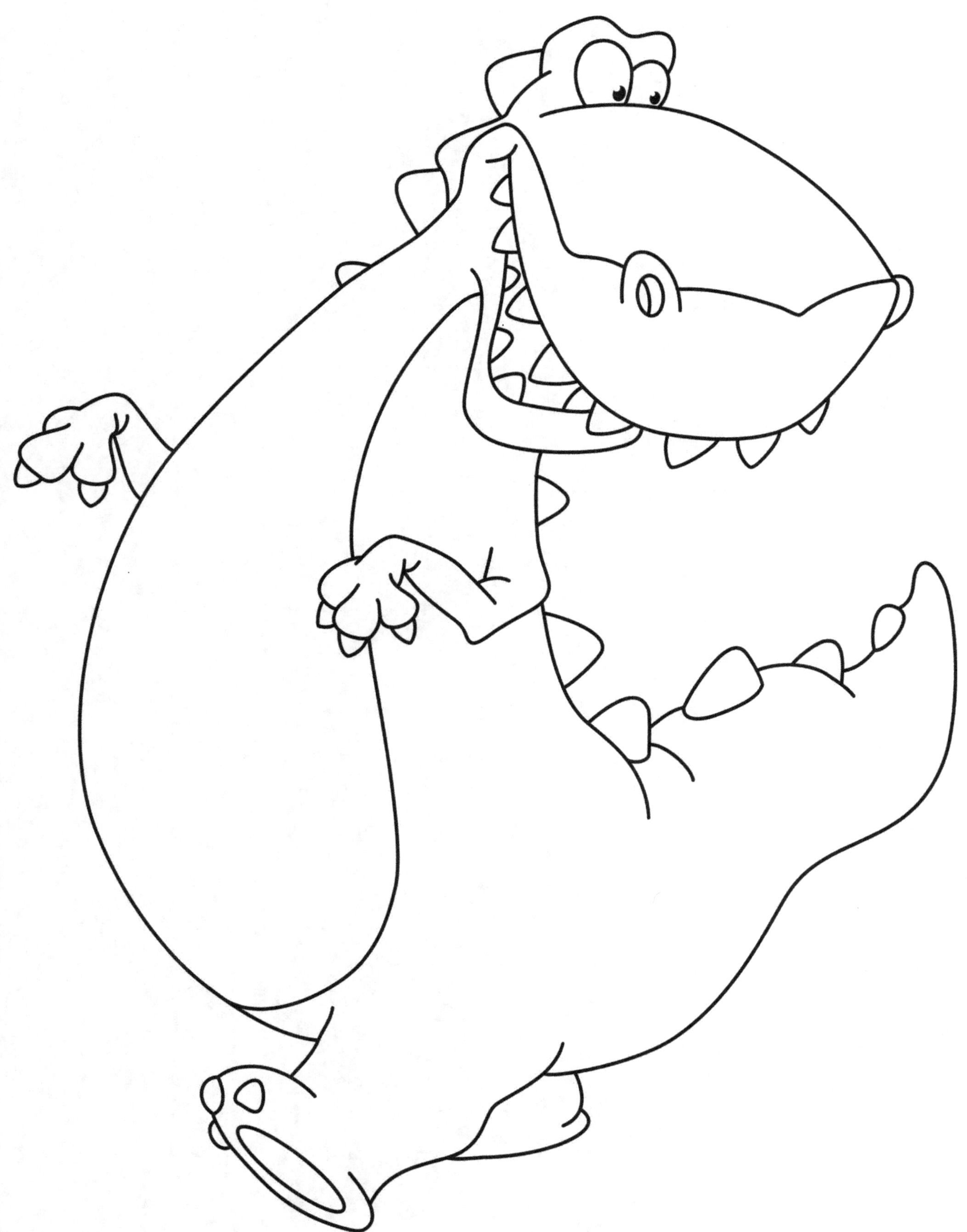